Hazlo bien con tu dinero

Empresa y Talento

Celia Rubio

Hazlo bien con tu dinero

Un plan de 7 pasos para transformar tus finanzas y conseguir que el dinero trabaje para ti

alienta
EDITORIAL

Alienta, un sello editorial de Centro Libros PAPF, S. L. U.
Avda. Diagonal, 662-664, 08034 Barcelona (España)
www.alientaeditorial.com
www.planetadelibros.com

Adaptación de la cubierta: Booket / Área Editorial Grupo Planeta a partir de la idea original de © Toni Cabré
Primera edición en Colección Booket: marzo de 2025
Segunda impresión: octubre de 2025
Tercera impresión: octubre de 2026

Depósito legal: B. 3.652-2025
ISBN: 978-84-1344-395-9
Impreso en España

Biografía

Celia Rubio es divulgadora, conferenciante y formadora en finanzas e inversiones. Es CEO y fundadora de La Academia de Inversión, una escuela que cuenta con varios másteres por la que ya han pasado más de 4.000 alumnos. También es autora del libro *Hazlo bien con tu dinero*, publicado en 2022 en el sello Alienta. Aunque su desarrollo profesional empezó en un nicho completamente diferente, no tardó en darse cuenta de que sus inquietudes iban por otro camino: las finanzas personales y las inversiones. Desde hace más de diez años comenzó su formación en esta materia, y actualmente comparte todo ese conocimiento con sus más de dos millones de seguidores a través de las redes sociales, haciendo las finanzas y las inversiones accesibles para todos.

www.celiarubio.com

@_celiarubio

Este libro esconde una sorpresa. Después de leer cada capítulo puedes ver un vídeo de su protagonista con realidad aumentada, usando para ello la cámara del teléfono móvil.

Instrucciones:

- Descarga la app «Alienta RA», búscala en Google Play/App Store.
- Una vez instalada, inicia la app y escanea el código de barras de tu ejemplar. Espera a que se descargue el contenido en tu teléfono (este proceso sólo se realiza una vez).
- Enfoca las imágenes de los capítulos que llevan título para ver los vídeos con realidad aumentada. Intenta hacerlo en una estancia bien iluminada, preferiblemente con luz natural.

Para mi madre, por enseñarme que se puede luchar con una sonrisa hasta el último día. Porque el cáncer te arrebató muchas cosas, pero jamás las ganas de vivir y la alegría. Gracias por enseñarme tanto, sin ti nada de esto sería posible. Disfruta de este libro desde el cielo. Siempre serás mi heroína.

Quien quiere encuentra un medio; quien no, una excusa.

Proverbio árabe

Este libro viene con regalo.

Estoy segura de que antes de este libro ya habrás leído otros, escuchado alguna charla o visto un post en redes sociales que te enseñaban cómo mejorar algunos aspectos de tu vida, ya sea tu desarrollo personal, los hábitos de tu día a día o, como en este caso, tu economía.

Sin embargo, la gran mayoría de estas cosas acaban cayendo en el olvido. Es por esto que lo verdaderamente importante no es aprender, sino aplicar lo aprendido.

Por eso, junto con este libro he preparado toda una serie de plantillas y otros recursos adicionales que te ayudarán a pasar a la acción y comenzar a experimentar de verdad cambios en tu vida.

Visita el siguiente enlace para poder descargar gratis este material:

<https://celiarubio.com/libro>.

Sumario

Prólogo

El dinero no da la felicidad. Pero ayuda.

Seamos honestos. El dinero ocupa nuestra mente en más ocasiones de las que podamos imaginarnos. El que ganamos y el que gastamos. El que no tenemos, el que quisiéramos tener...

Pero el dinero es un medio. Un medio para un fin. Nunca un fin en sí mismo. No debería serlo al menos.

Y, sin embargo, muchas personas se obsesionan con ese muchas veces pequeño aumento de sueldo, pero que aumenta su felicidad. Aunque sea sólo un momento.

El dinero ayuda a reducir la inestabilidad emocional, ayuda a tener más certidumbre, más garantías de que podremos hacer aquello para lo que realmente estamos destinados: generarnos una mayor calidad de vida.

¿Qué otro sentido tendría el dinero, si no?

Pero... sigamos siendo honestos.

Creemos que la solución a esa ecuación del dinero pasa siempre por generar más, ingresar más, ese pequeño aumento que decíamos...

Y claro que ayuda ingresar más, pero ayuda muchísimo más saber gestionar el dinero para que te cunda, te rinda, te sume, te proporcione más calidad de vida.

Yo acostumbro a utilizar una analogía para hablar del éxito, y permíteme que te la comparta: el éxito es para mí una mesa de tres patas, y tendremos éxito cuando las tres patas estén al mismo nivel, y así la mesa esté equilibrada. Las tres patas son: dinero, tiempo y movilidad.

La pata del dinero, porque cualquier proyecto profesional o

personal necesita de esa financiación, necesita generar dinerillo, tanto para reinvertir en ese proyecto como para dedicarlo a tu mejora de calidad de vida.

La pata del tiempo se relaciona con que un proyecto no es exitoso para mí si esclaviza mi tiempo y no me permite tener tiempo para mí, para mi crecimiento y para mi gente.

La pata de la movilidad tiene que ver con que un proyecto exitoso me debe dar libertad de movimientos, no mantenerme atado a un escritorio o a un local, sino que pueda llevarlo a cabo desde cualquier lugar del mundo.

Pasa igual en nuestra vida. El dinero no debería ser la pata central de nuestra vida, pero demasiadas veces lo parece. Si nos falta, si no lo sabemos gestionar, hace que toda nuestra mesa cojee inmediatamente, por muy bien que nos vaya en otras áreas.

Mira, en mi vida llevo leídos más de 1.100 libros. En mi podcast de libros habré resumido unos 200. Y hay una serie de temas que siempre que los toco tienen un éxito espectacular, muy por encima de otros libros: los libros de finanzas personales y los de hábitos.

Y tiene toda su lógica ¿no? Buscamos información sobre aquello de lo que carecemos, constancia (de ahí lo de los hábitos) y dinerillo (de ahí lo de las finanzas personales). Nos atrae la información que puede mejorar alguna de nuestras patas de la mesa.

Y es ahí donde aparece Celia, que sabe mucho, pero mucho, precisamente de cómo gestionar mejor tu dinero, para que te rinda.

A Celia la conocí primero como enamorada de los libros, y eso, para un *comelibros* como yo, ya es un punto. Luego tuve la fortuna de poder acompañarla desarrollando su marca personal en una de mis formaciones.

Después se incorporó a colaborar en «Libros para Emprendedores», mi plataforma de contenidos de alcance mundial y millones de seguidores, creando unos enriquecedores resúmenes de libros de finanzas personales en nuestro canal de YouTube, con cientos de miles de visualizaciones.

Yo, que nunca había tenido colaboradores «visibles» en mi marca, cuando conocí a Celia no tuve dudas: ella tenía que ser la primera. Se lo propuse y, afortunado de mí, aceptó. Nunca voy a tener una colaboradora más dedicada y trabajadora que ella. Es impresionante su energía, capacidad y enfoque.

Más de un año después, no puedo estar más contento de mi decisión de contar con ella, ni más orgulloso de su crecimiento.

Cuando comenzamos a trabajar su marca personal, recuerdo perfectamente que tuve clarísimo que, de todos los temas que domina esta mujer inteligente y preparadísima, tenía que hablar de finanzas personales. Y por dos razones de peso: porque sabe mucho (y sigue preparándose a diario para saber cada día más), y además porque es muy buena explicándolo.

Y hasta te añadiría una tercera, y es que disfruta muchísimo de ambas cosas. Disfruta de seguir aprendiendo y disfruta de seguir enseñando lo que aprende.

Celia tiene esa capacidad (nada fácil de encontrar) de hacer que entiendas los temas más complejos con un lenguaje sencillo, cercano. Se preocupa por que los que aprendemos con ella tengamos siempre avances, resultados.

Es una verdadera garantía de tranquilidad saber que puedes confiar en sus consejos de finanzas, en sus enfoques precisos sobre temas de inversión, y en que lo vas a entender con claridad y a la primera.

Recuerda muy bien esto: si quieres crecer debes rodearte de los mejores mentores.

Un mentor es aquel que consigue resultados y que luego es capaz de transmitir a otros su experiencia para que también los consigan.

Celia es, sin duda, mentora.

Celia es, además, mi mentora.

En temas de finanzas y de muchas otras cosas. Porque todos los días sigo aprendiendo de ella, y porque tiene esa capacidad de transmitir sus conocimientos y de que otros consigamos lo que ella ya consiguió.

Incontables autores me han solicitado muy amablemente prologar sus libros, y amablemente (creo) he declinado, porque quería tener primero un libro propio escrito antes de atreverme a prologar los de otros.

También en eso me ha acompañado Celia, pues nuestros primeros libros también se han escrito prácticamente en paralelo.

Y cuando me pidió que le escribiera este prólogo que estás leyendo ahora, dije que sí sin dudar.

Porque creo en ella. Porque confío en ella. Porque me consta que lo que te explica te va a funcionar.

Y son esa fe y esa confianza que yo le tengo las que puedes depositar tú también, con toda tranquilidad, en Celia y su sistema de siete pasos para salir de los problemas de dinero y conseguir que el dinero trabaje para ti.

Un sistema infalible, que te acompaña paso a paso hasta conseguir que el dinero pase de ser una preocupación a ser la llave para conseguir tus metas y aterrizar y hacer realidad tus sueños.

Y es que sólo hay dos formas de hacer las cosas en temas financieros: hacerlo mal o hacerlo bien. No se me ocurre nadie mejor que Celia para explicarte cómo hacerlo bien con tu dinero y que así puedas elevar esa primera de las tres patas de tu mesa del éxito.

Porque seamos honestos por tercera vez... ¿Verdad que la vida sería mejor si tuviéramos verdadero control sobre nuestro dinero y aprendiéramos a utilizarlo de la mejor forma posible?

Enfócate en aumentar tu calidad de vida con unas mejores finanzas, unos ahorros más potentes, una idea clara de cómo comenzar a invertir... y con este plan de siete pasos para hacerlo bien con tu dinero, y con Celia Rubio llevándote de la mano para conseguirlo.

Como digo siempre, no recopiles información ni atesores conocimiento sólo por deporte, para decirles a los demás cuánto sabes. El verdadero conocimiento viene de la aplicación de lo que aprendes, de la mezcla de conocimiento y experiencia que sólo se puede dar cuando pones algo en práctica. Pon este libro en práctica y obtendrás resultados. Así de fácil.

O, como suelo decir siempre en los libros que analizo... ¡PASA A LA ACCIÓN!

Luis Ramos, emprendedor

Introducción

En primer lugar, quiero darte las gracias por iniciar este viaje, soy consciente de que muchas de las cosas de las que hablaremos en este libro chocarán de frente con creencias que desde pequeño te han acompañado, que incluso han crecido contigo y has asumido como propias. Por eso estoy convencida de que es necesario ser muy valiente para alejarse de todo eso y tener la capacidad de mirar las cosas desde otro prisma, por ello sólo puedo darte la enhorabuena por haber dado este paso y al fin, emprender el viaje hacia la tranquilidad financiera.

Lo primero que me gustaría pedirte es que durante toda la lectura de este libro trates de mantener tu mente tan abierta como sea posible, si resulta difícil cambiar la mentalidad de la gente sobre lo que toman en el desayuno, imagina sobre algo tan delicado y personal como las finanzas, por eso te pido que mantengas esa actitud receptiva ante nuevas ideas y, sobre todo, que pases a la acción y apliques todo lo aprendido.

Este libro pretende ser un plan paso a paso con el que transformar tus finanzas, una guía que te permitirá incrementar tu inteligencia financiera para ayudarte a tomar decisiones más inteligentes y con más fundamento con respecto al dinero. Por ello, se trata de un libro muy práctico, en el que a medida que avances en el sistema irás aprendiendo muchos pequeños (o no tan pequeños) cambios que aplicar a tu día a día. Sin embargo, he de decirte algo, a pesar de que tener el conocimiento y las herramientas es necesario, si algo he aprendido en todo este tiempo estudiando sobre el dinero y ayudando a personas con sus problemas financieros es que el verdadero motivo de los problemas económicos casi nunca está en el dinero.

Por contradictorio que parezca, el verdadero origen de la mayoría de los problemas financieros lo encontramos en nuestras creencias. Nuestra mente se encuentra impregnada de toda una serie de creencias limitantes en lo que respecta a nuestra dimensión profesional, y sobre todo en nuestra relación con el dinero.

Desde que somos pequeños se nos condiciona para pensar de una determinada manera sobre lo que debería significar el dinero para nosotros. El verdadero problema es que, como veremos en los primeros capítulos, estas creencias se han desarrollado y han crecido junto a nosotros hasta el punto de que las acabamos asumiendo como parte de nosotros. Por ello, tomar conciencia de cómo este condicionamiento nos está afectando en nuestros resultados actuales y aprender a separarnos de él es la clave que nos permitirá empezar a tomar mejores decisiones con respecto a nuestras finanzas.

Mi amigo, mentor y autor del prólogo de este libro, Luis Ramos, acostumbra a decir que el éxito es una mesa de tres patas, con que sólo una falle, la mesa no se sostendrá. A mí me gusta pensar que nuestra vida también es de alguna manera esa mesa, pero, esta vez, con cuatro patas: tiempo, relaciones, salud y dinero. De tal forma que, si alguna se empieza tambalear, si alguna de las patas no está tan bien trabajada como nos gustaría, la mesa acabará perdiendo su estabilidad.

A priori nos puede parecer incluso algo osado poner el dinero al mismo nivel que cosas tan importantes como la salud, el tiempo o las relaciones. Sin embargo, cada día nos levantamos y utilizamos nuestro tiempo, nuestra energía y conocimientos para ponerlos a trabajar a cambio de dinero. Todos, a través de trabajos, emprendimientos, empresas o cualquier otro rol en el que estemos en el mundo laboral, damos todo esto a cambio de dinero. Por ello, al menos mientras continuemos viviendo inmersos en un sistema monetario, el dinero es una forma más de energía, de intercambio de valor, y si le restamos importancia, si decimos cosas como que el dinero no es importante, le estaremos restando importancia a nuestro tiempo, a nuestra energía y a nuestro esfuerzo.

Este libro está dividido en dos partes diferenciadas. Durante la primera parte de este viaje analizaremos cuáles son estas creencias limitantes que desde pequeños nos han acompañado, iniciaremos un proceso para eliminarlas, hasta ser capaces de ver todo esto desde un punto de vista completamente distinto. Será entonces cuando habrá llegado el momento de iniciar un proceso que nos permitirá mejorar nuestra inteligencia financiera. Aprenderemos algunos de esos conceptos que desde pequeños nos deberían haber enseñado en el colegio (pero por desgracia en la mayoría de los casos no hicieron). Y una vez tengamos nuestra mente en estado óptimo, y reconozcamos todos esos conceptos que sí o sí necesitamos manejar acerca de nuestras finanzas, nos adentraremos en un sistema de siete pasos, para que comiences a poner todo esto en práctica y consigas una transformación real de tus finanzas.

Como ves, a partir de este momento nos espera un apasionante viaje juntos, un viaje que espero que disfrutes, pero, sobre todo, que suponga un antes y un después en tu vida financiera.

Antes de comenzar, me gustaría decirte que en este libro encontrarás dos tipos de recursos gratuitos, que seguro que te ayudarán a comprender y aplicar mejor todo lo que juntos iremos aprendiendo.

El primer recurso que encontrarás consiste en vídeos explicativos de realidad aumentada para ampliar o comprender mejor algunos conceptos.

El segundo responde a que, como te puedes imaginar cuando se trata de finanzas e inversiones, muchas cosas cambian rápidamente y no me gustaría que este libro quedara desactualizado en pocos meses o años. Por ello puedes unirte gratis a esta lista exclusiva para los lectores de *Hazlo bien con tu dinero,* en la que recibirás recomendaciones actualizadas, las últimas noticias que necesitas conocer y toda una serie de herramientas adicionales (plantillas, calculadoras Excel, etc.) que te servirán mucho para aplicar este sistema de forma más sencilla.

Puedes unirte en <https://celiarubio.com/libro>.

1

¿Por qué tenemos problemas de dinero?

> El que no es dueño de sí mismo está condenado a obedecer.
>
> Friedrich Nietzsche

Sentí que llevaba años equivocándome, desperdiciando mi tiempo y mi energía, y lo que es peor, me di cuenta de que estaba entrando en lo que se conoce como «la carrera de la rata» —de la que después hablaremos más— y lo más grave de todo, me di cuenta de que si seguía así cada vez sería más complicado salir de ahí.

Estaba estudiando mi primer año de carrera, al mismo tiempo durante los fines de semana trabajaba de camarera para conseguir unos ingresos extras. He de reconocer que durante mis años de carrera el dinero no fue un problema, bueno, al menos en principio no debería haberlo sido. En aquel momento vivía en casa de mis padres, por lo que como puedes imaginar, mis gastos habituales no eran demasiado altos. Además, siempre fui buena estudiante, lo que hizo que recibiera becas a la excelencia académica durante todos los años de carrera.

Sin embargo, mi situación económica en ese momento no era tan buena como debería, tenía ingresos, sí, y desde luego suficientes para cubrir mis gastos básicos de aquel entonces, pero a pesar de ello, vivía con una sensación constante de falta de dinero, siempre me acababa faltando y sentía que eso, estaba de alguna manera condicionando mi vida.

Una noche había quedado para ir al cine con un compañero de

universidad. Justo cuando salí de casa pasé por el cajero automático del banco a sacar dinero, lo recuerdo perfectamente, quería sacar 20 euros, sin embargo, cuando lo intentaba me aparecía la palabra «Error» en la pantalla. Reconozco que lo primero que pensé en aquel momento es que se trataba de un fallo del cajero. Hasta que decidí darle a ese botón que normalmente evitaba consultar: «Ver saldo en cuenta». Para mi sorpresa, no había ningún error en el cajero, simplemente el saldo de mi cuenta era inferior a 20 euros.

Me sentí agobiada por la situación, no sabía cómo ir a casa y decirles a mis padres lo que me había pasado, no quería pedirles dinero a ellos, no era justo. El fallo había sido mío. Dudé durante tiempo qué hacer. Al final haciendo cálculos llegué a la conclusión de que con lo que me quedaba en la cartera podría ir al cine y no fallar a mi cita, siempre y cuando no comprara ni bebida ni palomitas. La noche acabó bien, no necesité pedir dinero, ni tampoco faltar a la cita, así que nadie se enteró de lo que había pasado. Nadie salvo yo, claro.

Ese día supuso un punto de inflexión. Estábamos a mitad de mes, quedaban varios días para la siguiente nómina, y mi cuenta estaba prácticamente a cero. Pero lo peor de esto es que no tenía ni la más remota idea de cómo había llegado a ese punto. No había comprado nada importante para mí, no había tenido que afrontar ningún gran gasto, simplemente el dinero se había ido, y yo no sabía cómo.

Esa noche me sentí mal. Sentía cómo algo me quemaba por dentro, sentía rabia. Rabia hacia mí misma, por ir a clases de lunes a viernes, estudiar todas las tardes (y alguna que otra noche) y trabajar los fines de semana, sacrificando mi tiempo y ¿para qué? Para acabar gastando todo el resultado de este esfuerzo en cosas que no necesitaba, y lo que es peor, en cosas que ni siquiera sabía.

Estoy segura de que en más de una ocasión antes había vivido una situación parecida, gastar mi dinero sin mirar hacia un objetivo, quedarme sin nada antes de lo esperado. Sin embargo, esta vez algo hizo que me doliera más. Creo que fue el cansancio, cansancio físico y mental, por trabajar, estudiar cada día, tener muy poco tiempo libre y sentir que ese esfuerzo había sido en balde.

Mi caso no fue grave, lo sé. El mundo no se para por ir o no al cine, tampoco tenía ningún gasto necesario que asumir, por lo que podía pasar los quince días hasta que volviese a cobrar sin gastar nada, y estaría solucionado. Mi problema tenía fácil solución.

Sin embargo, agradezco mucho que me pasara esto y, sobre todo, que me ocurriera pronto. A mí esta circunstancia me permitió por primera vez tomar consciencia de cómo estaba mi situación financiera. Algo que por desgracia a muchas personas sólo les llega cuando les ocurre algo realmente grave, se ven en la quiebra, el banco les va a quitar la casa o no tienen suficiente dinero ni siquiera para cubrir los gastos más básicos de su día a día y los de su familia, como la luz, el agua o incluso la comida.

Yo había hecho todo lo que me habían dicho que tenía que hacer, era buena estudiante, trabajaba para cubrir mis gastos. Y, de vez en cuando, me daba algún que otro capricho, como algún bolso o alguna cena porque me lo había ganado. Y también, debo ser sincera, porque con dieciocho años si ganas dinero quieres que los demás lo sepan, o al menos lo intuyan, y para eso hacían falta bolsos, zapatos y ropa de marca. Sin embargo, nadie me había dicho que antes de ganar y gastar dinero debía aprender cómo funciona.

Me di cuenta de que si no hacía nada para cambiar, mi situación empeoraría cada vez más. Mi futuro económico se vería determinado por mis circunstancias, los gastos que surgieran en el camino o la cantidad de planes con amigos que aparecieran en mi agenda. Pero nunca por lo más importante, por mí misma.

El verdadero origen de los resultados financieros

Han pasado diez años desde ese día, diez años desde mi primera toma de consciencia con mi situación financiera, desde que me di cuenta por primera vez de que lo que la mayoría de las personas hacían, lo que a mí me habían enseñado a hacer, no era más que una estrategia perdedora.

Desde pequeños nos enseñan que el dinero viene y va, que los problemas económicos se solucionan ganando más dinero y, por supuesto, que la mejor forma de conseguirlo es trabajando más. De esta manera, cuando nos convertimos en adultos, todos llevamos una mochila que nos acompaña cargada de condicionamientos, de creencias limitantes que se encuentran en nuestro subconsciente, pero que acaban determinando cada una de las decisiones que tomamos con respecto a nuestro dinero.

¿Te has preguntado alguna vez por qué algunas personas de forma sistemática tienen malos resultados económicos y otras, sin embargo, pase lo que pase siempre parecen «resurgir de sus cenizas»?

Casos como el de Walt Disney, quien nació en el seno de una familia humilde y a la corta edad de 21 años, con multitud de deudas y sin poder siquiera pagar a sus empleados, tuvo que declararse en bancarrota tras la quiebra de su primer estudio Laugh-O-Gram. Y que, sin embargo, a pesar de llegar a Hollywood con menos de 40 dólares en su cartera, no sólo se recuperó, sino que acabó creando un nuevo estudio, el Disney Brothers Cartoon Studio, que le lanzó al éxito mundial llevando la marca Disney hasta lo que es hoy en día, una marca con una valoración de casi 300 miles de millones de dólares.

O el caso de Maggie Magerko, quien heredó de su padre la empresa 84 Lumber, dedicada a los suministros para hogares, y que contaba en 2006 con una fortuna estimada de 2 millones de dólares. Al igual que en el caso de Walt Disney, la suerte no siempre acompañó a Maggie, quien, en 2009, tras el colapso del mercado inmobiliario, se vio obligada a vender todas sus posesiones, incluyendo las joyas y otros objetos personales con el fin de salvar la empresa de su padre de la ruina total. Estuvo muy cerca de la quiebra de la empresa y de su propia bancarrota, sin embargo, continuó luchando y consiguió sacar la empresa adelante. Actualmente su ingresos anuales rondan los 3,9 miles de millones de dólares.

Sin embargo, de la misma manera que podemos enumerar una lista enorme de millonarios que han conseguido recuperarse de quiebras, incluso mejorando con creces su situación inicial, podemos hacer el estudio a la inversa. Analizar a miles de personas que han conseguido tener un gran éxito económico repentino (por ejemplo, ganando un premio importante de lotería) y, sin embargo, en pocos años han vuelto a su situación inicial, o incluso han pasado a estar mucho peor que antes.

Tanto es así que según un informe publicado por el Fondo Nacional para la Educación Financiera (NEFE), el 70 por ciento de los ganadores de una lotería lo pierden todo en sólo cinco años. Y no sólo eso, sino que una de cada tres personas acaba declarándose en quiebra tras ganar estos premios.

De alguna manera podemos ver cómo ante cambios drásticos y rápidos de nuestras circunstancias las personas tendemos a volver a nuestro punto de partida. Pero ¿por qué este punto de partida, lo que podríamos llamar nuestro anclaje, para algunas personas está en ser millonarias mientras que para otras está en no llegar a fin de mes?

Lo financiero, nuestros resultados económicos son eso, resultados, así que para contestar a esta pregunta necesitamos ir un paso más allá y analizar dónde está la verdadera razón de éstos.

Es por ello que el cambio en tus finanzas no puede comenzar por lo que pasa en tu cuenta bancaria, necesitamos ir un paso más allá, llegar primero a la verdadera raíz de todo, para desde ahí cambiar la manera en la que actuamos con nuestro dinero, y con ello nuestros resultados financieros.

Al hablarte sobre mi historia, estoy segura de que ésta no te suena demasiado lejana, la verdad es que mi caso no es ni mucho menos único. Seguro que en más de una ocasión tú también has tenido esa sensación, la de mirar tu cuenta bancaria a final de mes (o a mitad como en mi caso) y no dar crédito a lo que estabas viendo. No entender cómo, sin haber comprado «nada», habías llegado a ese punto. Espero que ya te hayas dado cuenta de que no es cosa tuya, ocurre mucho, y, sobre todo, nos ocurre a todos.

Lo peor es que esto no es una ocurrencia aislada, no se trata de un hecho que aparezca un mes puntual, sino que es una historia que se repite una y otra vez, en el caso de muchas personas, durante toda la vida.

Esto es lo que generalmente conocemos como la carrera de la rata: ¿has visto alguna vez un hámster en una jaula corriendo dentro de su rueda? Seguro que sabes qué ocurre, el hámster corre y corre, intenta hacerlo cada vez más rápido, pero, ¡oh, sorpresa!, siempre está en el mismo punto, un poco más cansado, cada vez más convencido de que nunca le será posible llegar a otro lugar, alcanzar su meta. Está exactamente igual que al inicio.

La mayoría de las personas pasan su vida en esta rueda, trabajando, trabajando mucho para intentar ganar cada vez más dinero. Sin embargo, cuanto más consiguen incrementar sus ingresos más aumentan también sus gastos, haciéndoles estar permanentemente en el mismo punto.

Ante el mínimo incremento en nuestro ingreso, las personas tenemos tendencia a incrementar nuestro nivel de vida, nuestros gastos habituales. Y no es casualidad, el sistema está hecho para que sea así, nos han vendido la idea de que lo mejor que podemos hacer con nuestro dinero es gastarlo. ¿Cuántas veces has imaginado ese momento en el que por fin te suben el sueldo o llegan nuevos clientes y al fin puedes empezar a ahorrar? Sin embargo, la gran mayoría de las veces, cuando llega la deseada mejora, nos damos cuenta de que nuestra capacidad de ahorrar sigue siendo la misma y de que nuestra situación prácticamente no ha cambiado en nada.

La razón de esto suele estar tras pequeños y sutiles cambios. No nos compramos un yate o nos vamos una semana a Maldivas (al menos, normalmente no), pero sí empezamos a implementar pequeñas mejoras como comer más fuera de casa, comprar ropa más cara o, incluso, cambiar el coche.

Es por ello por lo que, tal y como decíamos, la solución a un problema económico nunca está en ganar más dinero, puesto que lo más probable es que en pocos meses nos volvamos a encontrar en el mismo punto.

Un claro ejemplo de esto lo encontramos en lo que ocurre cuando un empleado de una empresa recibe un incremento salarial. En este caso el extra de motivación esperable como consecuencia de este aumento de sueldo sólo dura una media de tres meses.

De hecho, Andrew T. Jebb, reconocido investigador de la Universidad de Purdue, hizo un estudio analizando el impacto de la satisfacción generada por un incremento salarial. Los resultados fueron más que sorprendentes. De lo que Jebb y su equipo se dieron cuenta es de que sólo las subidas de sueldo más considerables, las que tienen como resultado un salario superior a 77.550 euros anuales, prolongaban la satisfacción algo más de los tres meses promedio, entre seis y doce meses.

Sin embargo, lo más preocupante es que tras esta especie de «luna de miel» la situación empeora, y mucho. La mayoría de las personas después de este período experimentan algo similar a un «efecto rebote». La alegría inicial da paso a una serie de preocupaciones que acaban afectando al estado de ánimo y a la calidad vida.

La razón es que con frecuencia estos grandes incrementos en ingresos vienen acompañados de ascensos, puestos de mayor responsabilidad y, con ello, una mayor carga de trabajo. Así que, al desaparecer la alegría inicial por los nuevos ingresos y acomodarse económicamente al nuevo nivel de vida, las personas se acaban viendo inmersas en puestos de trabajo que les absorben más energía, les dejan menos tiempo libre, y, sin embargo, la recompensa que obtienen no les hace más felices.

Como decíamos al principio, al ganar más dinero, pasamos a gastar más, haciendo que rápidamente nos acostumbremos a un nuevo nivel de vida, que además exige un mayor esfuerzo para mantener esos ingresos que lo sostienen.

Así que, cuando seguimos la fórmula tradicional según la cual, si queremos mejorar nuestro estilo de vida, necesitamos trabajar más para ganar más dinero, y así poder comprar un coche más caro, una casa más cara, y ropa y viajes más caros, estamos metiéndonos de lleno en esta carrera de la rata y alejándonos cada vez más de nuestros verdaderos objetivos.

Dirige tu atención a lo importante

Me gusta pensar que nuestras finanzas son como un árbol. Lo primero que nos llama la atención cuando lo vemos siempre son los frutos, los resultados. Sin embargo, al poner nuestra atención en esto incurrimos en el primer gran error, y es que cuando queremos cambiar algo, de nada sirve quedarnos observando los resultados y tratar de corregirlos.

Si nuestro árbol está dando naranjas verdes y ácidas, por mucho que intentemos cambiarlo cogiendo pintura y pintando sobre ellas una capa anaranjada, de nada servirá, los frutos seguirán siendo verdes y amargos, aunque con algo de pintura.

Cuando se trata de nuestras finanzas, lo primero en lo que fijamos nuestra mirada es en el número de ceros de la cuenta corriente. Pero como veíamos antes, de nada sirve poner el foco en cambiar esto. Por mucho que alteremos de forma temporal nuestros resultados, por ejemplo, ganando un premio gordo en la lotería, de nada servirá en el corto o medio plazo, ya que en realidad no habremos hecho nada para cambiar el origen de esos resultados, es decir, la raíz de nuestro árbol.

Es por ello por lo que para comenzar a mejorar tu situación financiera es necesario ir un paso más allá, empezar por cambiar la manera en la que estamos condicionados, aprender realmente dónde está la diferencia entre ricos y pobres, entre personas exitosas y no exitosas (sea el éxito lo que sea para ti), entre personas capaces de resurgir una y otra vez, y personas capaces de perderlo todo una y otra vez.

Sinceramente, me encantaría poder decirte la causa probada que diferencia a las personas de un grupo y de otro, poder darte una causa genética, un cromosoma determinado que indique cómo nos irá en lo económico, pero por desgracia eso no existe. Cuando nacemos somos un gran libro en blanco, lleno de páginas por escribir, con sólo unos pocos condicionamientos innatos (el apego a mamá, el reflejo de succión, el llanto, etc.) hechos para garantizar nuestra supervivencia, pero el resto de las páginas que vayamos escribiendo será cosa nuestra.

Sin embargo, la manera en la que completamos estas páginas siempre estará determinada por algo de vital importancia: nuestro condicionamiento.

Nuestro condicionamiento

Como ya hemos visto, la solución a los problemas de dinero nunca está en ganar más dinero. Ganar más dinero no mejora nuestra situación financiera, ni siquiera nos hace más felices a medio o largo plazo.

Pero, entonces, si el dinero *per se* no sirve para mejorar nuestras finanzas, ni siquiera para que vivamos más felices, ¿será verdad que el dinero no da la felicidad? ¿Deberíamos entonces restarle importancia?

Demasiadas personas llegan a esta conclusión, errónea y desacertada desde cualquier punto, pero es que, si lo pensamos detenidamente, es el resultado de una lógica y más que estudiada secuencia de pensamientos:

Entras en el sistema económico, empiezas a trabajar para ganar dinero y por supuesto a gastarlo.

↓

Te bombardean con publicidad y con distintos mensajes que te llevan a desear siempre más: un coche de más alta gama, el último *smartphone*, ropa más cara, una casa más grande, viajes más lejanos y una larga lista.

↓

Para conseguir todo esto empiezas a trabajar más horas, más duro, para así ganar más dinero y poder continuar gastando más.

↓

Poco a poco tu estilo de vida se incrementa, tus necesidades aumentan y con ello tus gastos también.

↓

En poco tiempo te das cuenta de que todo eso no te da la felicidad, te genera estrés, te roba horas de vida, horas de disfrutar con tu familia y con tus amigos. Y te das cuenta de que mejorar tu nivel de vida poco o nada tenía que ver con lo que en el fondo buscabas, mejorar tu calidad de vida.

↓

Y así es como llegas a la tan peligrosa conclusión: el dinero no es importante, ya que ni te da felicidad ni mejora tu calidad de vida.

↓

Y más aún, el dinero es fuente de problemas, puesto que fue precisamente el querer generar más dinero lo que te llevó a encontrarte en este punto.

Al creer que el dinero no es importante, dejamos de prestarle atención. Por supuesto, no dejamos de querer ganar más, ya que una vez entramos en esta rueda necesitamos seguir generando ingresos para mantener nuestro estilo de vida (¿recuerdas el hámster en la rueda?).

Sin embargo, le restamos importancia no dedicando ni el tiempo ni la energía necesaria a aprender cómo hacerlo mejor con nuestro dinero, cómo sacar el máximo rendimiento de él, cómo utilizarlo de forma inteligente. Y en realidad este comportamiento tiene mucho sentido, al fin y al cabo, si el dinero «no es importante», qué sentido tiene poner nuestro foco ahí.

Imagina que alguien te propone apuntarte a un curso de polaco, pero tú no tienes la más remota intención de viajar a Polonia o, en cualquier caso, si decides hacerlo estás seguro de que con el inglés te sería más que suficiente. ¿Comprarías libros para aprender polaco? ¿Te apuntarías con tu amigo a una academia? O ¿verías tu serie favorita con subtítulos en polaco? Desde luego que no, resulta absurdo poner nuestro foco en cosas que no importan. Por el contrario, aprendemos de alimentación cuando pensamos que eso puede tener un beneficio sobre nuestra salud o nuestra forma física, aprendemos inglés cuando entendemos que lo necesitaremos para estar al día con la última información, para viajar o para trabajar.

Podríamos situar la idea de «el dinero no es importante» en el centro, como el verdadero origen de nuestros problemas de dinero. Curioso.

Esta idea nos viene de la vorágine de ganar y gastar dinero de forma constante en la que la gran mayoría nos vemos inmersos en algún momento (o durante toda la vida). Sin embargo, existen toda una serie de condicionamientos que desde pequeños recibimos que refuerzan este mensaje y nos hacen permanecer en ese punto.

Estos son condicionamientos multifactoriales a los que desde pequeños estamos sometidos y que ya en la edad adulta acabarán determinando el tipo de creencias que desarrollamos con respecto al dinero y con ello la manera en la que nos relacionamos con él y lo utilizamos.

Estos condicionamientos pueden ser **extrínsecos** o **intrínsecos**.

Los factores o condicionamientos extrínsecos son aquellos que nos vienen determinados por factores sociales o culturales y que, por tanto, al menos en principio, a todos nos afectan por igual.

Un ejemplo claro de estos los encontramos en las películas infantiles. Seguro que durante tu infancia pasaste varias horas viendo películas de dibujos animados, como las películas de Disney. También es muy posible que no recuerdes que en ellas se hablara sobre dinero, al menos no de forma directa y en un sentido peyorativo. Sin embargo, se hacía, y mucho.

Si bien de forma directa el dinero no solía ser uno de los ejes centrales de estas películas, sin duda era uno de los temas a tratar. Tras analizar algunas películas es fácil darse cuenta de algo. Hay patrones que se repiten de forma constante.

Por ejemplo, los villanos, estos malos de los cuentos que intentaban acabar con los protagonistas, siempre eran los más ricos. Los que vivían en palacios, tenían monedas de oro, etcétera. Sin embargo, los protagonistas solían ser personas humildes, incluso bastante pobres, pero que eran buenas personas y todos adoraban.

Si nos vamos a un ejemplo más concreto, en la película *Blancanieves y los siete enanitos* la bruja del cuento era la reina, vivía en palacios y vestía ropas caras. Sin embargo, Blancanieves y los enanitos vivían de forma humilde, sin lujos. Incluso los enanitos tenían uno de los trabajos más duros que existen, pero a pesar de eso vivían felices y, sobre todo, eran buenas personas.

Pero esta historia de Blancanieves no es la excepción. Si nos paramos en otro clásico, la película *Mary Poppins*, la entrañable historia de una niñera con toques de magia, nos encontramos que al mirar hacia sus personajes principales lo que vemos es un padre de familia que siempre está estresado con muchos problemas y sin tiempo para disfrutar con su familia, y, por otra parte, personajes como el deshollinador, el limpiador de chimeneas, ese personaje que siempre está feliz, que canta y baila y al cual los niños adoran.

Éstos son sólo dos ejemplos de los cientos que puedes encontrar, pero el mensaje que hay detrás puede resultar muy peligroso: los ricos son o crueles o infelices, mientras que los pobres son buenas personas y felices.

Poco a poco vamos creciendo con estos mensajes que no sólo provienen de las películas o los dibujos infantiles, sino de muchas otras fuentes como el refranero popular —seguro que en más de una ocasión has escuchado expresiones como «poderoso caballero es don Dinero», «yo seré pobre pero honrado», entre muchas otras—, y vamos desarrollando una idea errónea sobre lo que supone el dinero.

El mensaje que todo esto forja en nuestro inconsciente es que el dinero es algo negativo, que si tenemos dinero tendremos más posibilidades de convertirnos en una mala persona.

De forma progresiva, todo esto va haciendo que el dinero se convierta en uno de los grandes tabúes de nuestra sociedad. Nos cuesta hablar de dinero, resulta incómodo (si no me crees haz la prueba de preguntarle a tu cuñado en la próxima reunión familiar cuánto gana a final de mes, sólo espera unos segundos y mira las caras del resto de comensales), hablar de dinero es señal de algo negativo, como si por hablar sobre dinero no nos importaran otras cosas, como si hablar de dinero implicase ser una persona materialista. Sin embargo, no hablar de dinero tiene graves consecuencias, por ejemplo, que no aprendamos a manejarlo correctamente, que no nos atrevamos a preguntar a la persona que tiene buenos resultados qué ha hecho para conseguirlo y, lo que es peor, que no estemos interesados en aprender sobre dinero. En definitiva, el precio de que el dinero sea un tema tabú es muy caro.

Mientras estos factores extrínsecos nos son dados a modo de herencia cultural, nos afectan a todos y responden a distintos intereses —¿te has planteado alguna vez a quién le interesa que tú no aprendas sobre el dinero? ¿quién se beneficia de tu «ignorancia financiera»?—, los factores intrínsecos dependen mucho más de nuestro entorno cercano. Estos factores intrínsecos son aquellos que dependen de las experiencias propias de cada persona, por tanto, se forjan en función de la educación que hemos recibido, de la forma de ser de nuestros padres y de nuestras propias vivencias.

Por ello, este segundo tipo de factores sí que variarán de unas personas a otras, aunque hayan vivido en el mismo tiempo y en la misma ciudad, ya que dependen de las circunstancias personales, lo que veíamos en casa. Estos factores son, por tanto, mucho más específicos y relevantes.

Uno de los más importantes son nuestros padres. Sabemos que la manera de ser de nuestros padres resulta determinante en muchas áreas de nuestra vida, desde cómo criamos a nuestros hijos hasta el tipo de relación que tenemos con nuestra pareja. Nos guste o no, la influencia de nuestros padres nos marca y nos acompaña de por vida. Y por supuesto cuando se trata de nuestro dinero esto no es una excepción.

La forma en la que nuestros padres actuaban con el dinero y la situación económica en la que ellos se encontraban es una de las mayores influencias que tendremos a lo largo de nuestra vida desde el punto de vista económico: si solían gastar sin medida o por el contrario ahorraban e invertían su dinero. En este tipo de comportamiento acabamos marcando nuestra referencia acerca de cómo debería ser la gestión de nuestro dinero. Y por supuesto el tipo de resultados económicos que cosechaban, cómo estaban a nivel económico, si veías que el dinero era en casa un problema o, por el contrario, teníais una vida cómoda desde el punto de vista financiero, y cómo a tus padres les afectaban problemas económicos en su relación.

Muchas personas crecimos teniendo la sensación de que el dinero era un bien escaso que nos condicionaba a no hacer lo que nos gustaría. Con algunas de las frases que todos hemos escuchado como «no podemos ir de vacaciones porque no tenemos dinero», «no tenemos dinero para esos caprichos», etc., esta idea se hacía cada vez más fuerte. Y a pesar de que en ocasiones pueden resultar necesarias como parte de la educación, al convertirse en la tónica habitual acabamos teniendo la convicción de que el dinero es un factor limitante en la vida.

Además, otros factores como el hecho de ver a nuestros padres o a algún familiar discutir por temas de dinero, o vivir cómo nuestro padre o madre llegaba tarde a casa porque tenía que trabajar más horas para conseguir dinero, contribuyen a que acabemos asociando la idea de dinero con algo negativo, como una fuente de conflictos.

En general, con nuestros padres tendemos a adoptar una de estas dos posturas:

O bien reproducimos exactamente la misma manera de ser y actuar que nuestros padres. Es decir, si ellos eran derrochadores, nosotros más, si no llegaban a fin de mes, nosotros tampoco lo haremos.

O por el contrario adoptamos la posición completamente opuesta a ellos, de tal forma que, si ellos gastaban mucho, nos volvemos unos tacaños. Si eran ahorradores, derrochamos el dinero.

En cualquiera de los dos casos, los resultados para nuestras finanzas son terribles. Por ello es imprescindible que te pares a analizar este punto, a pensar cómo eran tus padres con el dinero y cómo estás siendo tú, de qué forma todo eso que viviste hace veinte, treinta, cincuenta años o incluso más, hoy día te sigue afectando.

También otros factores como recibir en el colegio o en la universidad una buena educación financiera, o si en algún momento alguien nos habló sobre cómo manejar de forma efectiva nuestra economía o no, juegan un papel fundamental en nosotros.

Hemos hablado mucho de cómo estos factores nos pueden afectar negativamente, pero también pueden actuar en sentido contrario.

Si bien los factores extrínsecos son difícilmente controlables, cuando se trata de factores intrínsecos éstos pueden actuar de forma positiva ayudándonos a desarrollar una mentalidad abundante con respecto al dinero.

Si desde pequeños recibimos estímulos positivos, por ejemplo, nos enseñan cómo manejar el dinero de forma eficaz, vemos que nuestros padres utilizan el dinero como una herramienta de forma inteligente y son capaces de ponerlo a trabajar y hacerlo crecer, la idea que desarrollaremos y el tipo de condicionamientos que nos acompañarán en la edad adulta serán completamente distintos.

Todo este conjunto de experiencias derivadas de condicionamientos extrínsecos o intrínsecos dan lugar a una serie de creencias que se acaban convirtiendo en convicciones acerca del verdadero significado del dinero. Tenemos una auténtica certeza de que eso es así, y no admite discusión. Por ejemplo, al crecer experimentando cómo quien nace pobre está condenado a serlo durante toda su vida, acabamos desarrollando la convicción, no de que ya nos será difícil mejorar nuestra economía, sino de que simplemente es imposible. Asumimos el imposible como verdad y acabamos sintiendo que no somos capaces de mejorar nuestra situación financiera, lo cual nos limita para alcanzar nuestras metas.

Esto resulta aplicable a cualquier ámbito de nuestra vida. Los sentimientos profundos arraigados en nosotros desde nuestra primera infancia acaban generando fuertes convicciones que nos limitan la capacidad de cambiar. Pero con el dinero esto cobra aún más importancia.

A la hora de entender nuestros resultados económicos debemos comenzar por analizar cómo fue nuestro condicionamiento por estos factores extrínsecos e intrínsecos, ya que sólo teniendo claro esto, sabiendo qué te ha condicionado y cómo lo ha hecho, serás capaz de comprender el origen de tus problemas financieros y estarás en la posición para comenzar a cambiar tus resultados.

Momento de acción

Como hemos visto en esta parte, nuestros resultados financieros actuales se encuentran tremendamente influenciados por dos tipos de condicionamientos:

- Los factores extrínsecos, los cuales hacen referencia a la herencia cultural que desde pequeños adquirimos a través de lo que escuchábamos por la calle o en la TV sobre el dinero o la gente rica.
- Los factores intrínsecos. Aquí toman una relevancia fundamental nuestros padres, la manera en la que manejaban sus finanzas y el tipo de resultados económicos que tenían. Aunque también resultan de mucha relevancia algunos otros factores como el tipo de educación que recibimos y lo que veíamos de nuestro entorno más allá de nuestros padres.

Por ello, a la hora de mejorar nuestros resultados financieros una de las primeras cosas que necesitamos es analizar cómo nos afectaron estos factores. Pensar en cómo en nuestro caso concreto éstos nos condicionaron y cómo actualmente continúan influyendo en nuestros resultados.

Mentalidad

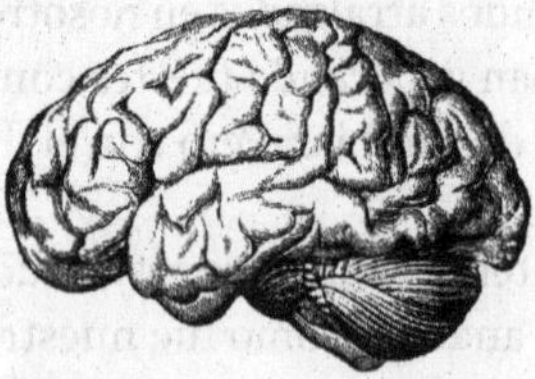

2

¿Por qué no nos enseñaron esto en el colegio?

> Los analfabetos del siglo XXI no serán aquellos que no sepan leer y escribir, sino quienes no sepan aprender, desaprender y reaprender.
>
> ALVIN TOFFLER

Ahora que ya conocemos más sobre el motivo de nuestra situación financiera, es momento de empezar a hacer cosas para cambiarla. Una de las primeras cosas en la que deberíamos enfocarnos es en incrementar nuestra *inteligencia financiera*. Dicho de otra forma, necesitamos conocer las reglas del juego, en este caso, las reglas del juego del dinero. Imagina comenzar a jugar un partido de fútbol siguiendo las reglas del baloncesto: ¿cuánto tardarías en quedar eliminado?

Pues así justo es como comienza nuestra experiencia con el dinero, sin que nadie nos enseñe las reglas más básicas, eso que los más ricos les enseñan a sus hijos y que, desde luego, nos deberían haber enseñado en el colegio.

Por ello, en esta parte vamos a hacer un repaso por estas reglas sobre el juego del dinero, que nos permitirán comenzar a tomar mejores decisiones.

Diferencia entre activos y pasivos

Una de las primeras cosas que necesitamos conocer es la diferencia entre un activo y un pasivo, un concepto sencillo de entender, pero que en la práctica genera muchísima confusión y por tanto acaba haciéndonos caer en más de un grave error.

Un *activo* es cualquier cosa que, de forma sistemática y recurrente, pone dinero en tu bolsillo sin que tú hagas nada. Es decir, los activos están hechos para generar dinero, para ayudarte a conseguir la libertad financiera o simplemente para mejorar tus finanzas, puesto que te permitirán aumentar tus ingresos mensuales.

Por su parte, un *pasivo* es cualquier cosa que de forma sistemática y recurrente te quita dinero del bolsillo, de nuevo sin que tú hagas nada. Los pasivos son compras que requieren un mantenimiento (coche, casa, etc.), que además de forma habitual vienen acompañadas de una deuda y que, por tanto, cada mes incrementan tus gastos.

Hasta aquí parece bastante sencillo:

Activo → pone dinero en mi bolsillo

Pasivo → saca dinero de mi bolsillo.

↓

Activo → genera dinero en automático.

Pasivo → cuesta dinero de forma automática.

↓

Activo → Me da dinero

Pasvio → Me cuesta dinero

Sin embargo, a pesar de lo obvio de estos conceptos, ¿en qué ponen toda su energía la gran mayoría de las personas?

Exacto, en hacerse dueñas de pasivos.

¿Cumples dieciocho años? Enhorabuena, compras (o con suerte tus padres te regalan) tu primer coche.

¿Te acercas a los treinta? Momento de comprar una casa.

¿Llegaste a los treinta y cinco? Tal vez hay demasiado tráfico en el camino a tu trabajo y «necesitas» una moto.

Después llegará la casa en la playa o en la montaña, y una larga lista de cosas que mes a mes van sacando dinero de tu bolsillo. Además, en la mayoría de los casos, esta lista viene acompañada de una serie de deudas que tendrás que pagar cada mes.

Veamos con un ejemplo la diferencia entre activos y pasivos:

Imagina que este mes compras una casa con la intención de ponerla en alquiler y así conseguir un rendimiento. Al comprar esta casa estás invirtiendo tu dinero, ya que has adquirido algo que, a partir de ahora, si todo va bien, de forma recurrente pondrá dinero en tu bolsillo. ¡Acabas de crear un activo!

Incluso aunque el activo a día de hoy no genere ingresos, es más, a pesar de que te cueste algo de dinero, sigue siendo un activo. Primero porque has comprado algo de alto valor, que tú no tienes cada mes que pagar, y segundo porque, como vemos en el ejemplo, una vez transcurridos los quince años en los que estás pagando la hipoteca, tendrás un activo que cada mes te generará 670 € (800 € de alquiler -130 € de gastos asociados).

Sin embargo, si hacemos esta misma operación, pero en este caso para comprar una vivienda en la que tú vas a vivir, estaremos adquiriendo un pasivo. Ya que serás tú la persona que cada mes tenga que hacerse cargo de los distintos pagos asociados a esta vivienda, como la hipoteca, gastos de comunidad, impuestos, seguros, mantenimiento, etcétera.

Existe una «regla de oro» a la hora de decidir si comprar o no: compra activos, alquila pasivos.

Seguir en la medida de lo posible esta regla te ayudará muchísimo a tener una situación financiera más saneada. Especialmente si eso que vas a comprar planeas utilizarlo a tiempo parcial, algo así como una autocaravana o una casa en la playa para vacaciones.

Y comienza a comprarte los pasivos cuando todos los gastos derivados de éstos los cubras con el dinero que generan tus activos.

Por ejemplo, supongamos que, siguiendo con el primer ejemplo, durante el tiempo que estabas pagando la hipoteca de la casa que tenías en alquiler (y que recordemos durante este tiempo no te generaba ingresos), estabas viviendo de alquiler. Pasados los quince años, una vez que has terminado de pagar esta casa, decides entonces comprarte la casa en la que a ti te gustaría vivir.

Dado que esta casa la utilizarás tú y no te generará ingresos, *a priori* la podríamos considerar un pasivo, sin embargo, en ese momento ya tendrás un flujo de ingresos, los 670 euros generados por la primera vivienda, y con ello podrás afrontar todos los gastos de ésta.

OPERACIÓN: Compra de una vivienda para uso personal

Datos de la compra:

Vivienda de obra nueva.

Precio de la vivienda: 200.000 €.

Desembolso inicial= 65.000 € (20 % de la vivienda + gastos notaría, gestoría y tasación 2.ª mano).

Préstamo hipotecario: 160.000 € a devolver en 25 años.

Flujo mensual:

+ Ingresos pasivos vivienda 1: 670 €

- Pago préstamos hipotecario: 670 €/mes durante 25 años.

Pago mensual por tu vivienda= 0 €

La clave es ésta: primero el flujo, después el lujo.

Se trata de darle una vuelta a la manera de pensar más tradicional, de analizar de qué manera podemos conseguir más con nuestro dinero y de poner foco en que nuestro dinero comience a trabajar para nosotros.

Esto no significa que adquirir pasivos sea siempre un error. Todo depende. Es cierto que un pasivo que se utilizará a tiempo parcial en el 99 por ciento de los casos será un error comprarlo. En otros casos será necesario «hacer números» y comparar muy bien el precio de compra versus el de alquiler, siempre teniendo muy en cuenta el coste de oportunidad —no es igual de sencillo deshacernos de un alquiler que de una compra y muchas veces comprar algo hoy supone rechazar muchas oportunidades futuras.

En muchos países, como es el caso de España, tenemos una fuerte cultura de compra y la idea de que alquilar es «tirar el dinero» sigue muy presente en nuestra sociedad.

Resulta curioso porque lo que en muchas ocasiones justificamos con razones financieras (comprar una vivienda nos asegura tener *algo* el día de mañana), en realidad responde más a una razón puramente cultural. Desde el punto de vista económico podríamos pensar que cuanto mayor sea nuestro poder adquisitivo, más sentido tendrá adquirir una casa para vivir en propiedad en lugar de alquilarla.

Sin embargo, cuando analizamos lo que ocurre en otros países nos damos cuenta de que el país con mayor número de propietarios es Rumanía, donde el 95,8 por ciento de la población es propietaria de una casa, seguido por Hungría (91,7 por ciento) y Eslovaquia (91 por ciento) o Lituania (90,3 por ciento). En el extremo opuesto nos encontramos con países como Alemania, donde la tasa de inquilinos se sitúa en el 49 por ciento, o Austria, con 44,8 por ciento de arrendatarios. Por ello podemos concluir que no existe una relación entre la situación económica o la renta per cápita del país y el número de propietarios.

Por lo que alquilar no supone tirar el dinero, sino una vía diferente para alcanzar nuestros objetivos. Y la decisión de comprar o alquilar siempre debería basarse en el análisis de la situación en concreto y en nuestros objetivos a medio y largo plazo.

Como hemos visto, lo recomendable sería alquilar pasivos y comprar activos (con algunas excepciones), sin embargo, el verdadero problema viene del hecho de confundir activos con pasivos. Con demasiada frecuencia me encuentro con personas que me dicen: «Tenía un dinero ahorrado y he comprado una casa en la playa como inversión». Solicitar a un banco una hipoteca a veinte, treinta o cuarenta años para comprarnos una casa que no nos podemos permitir y donde no pasaremos más de dos meses al año es simplemente una locura financiera, nunca una inversión. La hipoteca siempre será un activo para el banco (se asegura que cada mes recibe dinero) y un pasivo para quien la adquiere (puesto que produce la misma salida de dinero de su bolsillo).

Inversión → Compras un activo.

Gasto → Adquieres un pasivo.

Si no te va a generar ingresos es un gasto y no una inversión. Si genera ingresos, entonces estás ante una inversión.

Aunque la compra de viviendas es el ejemplo más comúnmente utilizado, puedes comprar activos de muchas otras maneras: comprando acciones, invirtiendo en fondos de inversión y una larga lista que en el capítulo de inversiones veremos más en profundidad.

Ingresos activos versus ingresos pasivos

A estas alturas, tras una pandemia mundial, tras cambios que se precipitan cada vez a mayor velocidad, seguro que ya te has dado cuenta: fuimos educados para un mundo que ya no existe. Nos vendieron la idea de buscar un trabajo fijo para toda la vida como vía para alcanzar la tranquilidad financiera. La fórmula parecía sencilla: saca buenas notas, ve a la universidad, consigue un trabajo fijo y, a poder ser, hazte funcionario como receta casi inmutable para alcanzar el tan deseado éxito económico.

Sin embargo, ahora sabes que ningún empleo puede asegurarte estabilidad. Y mucho menos ningún Gobierno podrá garantizarte una pensión de jubilación en unos años. Todas estas afirmaciones tuvieron su momento de verdad, pero ahora las reglas han cambiado.

¿Imaginas tener una empresa y que ésta contara con un solo cliente? Imagina haber montado un gran imperio que funcione perfectamente, pero que toda su estructura de ventas dependa de un único cliente: ¿cómo crees que dormirías por las noches? ¿Cómo te sentirías si un día de repente recibes una queja de ese cliente?

Seguro que al menos no pasarías la noche «a pierna suelta», al fin y al cabo, tener todos nuestros huevos puestos en la misma cesta no es algo agradable para nadie. Sin embargo, la gran mayoría de las personas hacen esto con algo tan importante como su dinero. Depender de una única fuente de ingresos. Y así ocurre, de repente pasa algo en el trabajo, sentimos que hay problemas en nuestro sector, o con nuestra empresa, o nos sorprende una pandemia mundial y nos empezamos a poner muy nerviosos con respecto a nuestro futuro. Todo lo que parecía seguro y para siempre ahora sólo se ve como futuro incierto.

Por eso, ya que nada es tan seguro como parece o como nos gustaría creer, te animo desde ya a empezar a trabajar en tu sistema de ingresos múltiples para que nunca más vuelvas a depender de una sola fuente de ingresos.

Para esto una de las primeras cosas que necesitas conocer son los diferentes tipos de ingresos que existen:

Por una parte, tenemos los más conocidos, **los ingresos activos**. Son aquellos que conseguimos intercambiando tiempo a cambio de dinero. Vas a un trabajo de las 8 a 17 horas y cobras una nómina a final de mes; eres *freelance* y cobras una tarifa determinada por crear una página web, o como cantante recibes dinero por hacer un concierto. En cualquiera de los casos lo que haces es intercambiar tiempo a cambio de dinero, si tú no vas a trabajar, no creas la web o no haces el concierto, no recibirás dinero a cambio.

Estos ingresos están bien, pero tienen un problema importante: al depender directamente de ti y de tu tiempo, siempre tienen un límite. Por más que incrementemos nuestra ratio hora, siempre va a existir un techo. Al fin y al cabo, nadie puede trabajar horas ilimitadas, y **si tus horas son limitadas, tus ingresos activos también.**

Por otra parte, encontramos los **ingresos pasivos**, aquellos que no dependen de ti ni de tu tiempo. Cuando hablamos de crear sistemas de ingresos múltiples, necesitarás sí o sí complementar tus ingresos activos con estos ingresos pasivos.

Generalmente éstos requieren una inversión de tiempo o dinero al comienzo para crearlos, pero una vez están funcionando, lo van a hacer siempre en automático. Y lo mejor, al no depender de ti ni de tu tiempo, pueden crecer tanto como tú seas capaz de hacerlos crecer.

A continuación, te doy una lista de veinte tipos de ingresos pasivos, sólo para que seas consciente de que, de nuevo, oportunidades hay muchas, sólo es necesario abrir la mente y empezar a mirar las cosas desde otro prisma.

Ejemplos de ingresos pasivos:

1. *Royalties* de un libro físico
2. Crear una app
3. Página web nicho con productos de afiliados
4. Alquiler de una vivienda
5. Alquiler de local comercial
6. Alquiler de un vehículo
7. Cursos en línea
8. Vender un *e-book*
9. Canal de YouTube
10. *Dropshipping*
11. Inversión en *crowdfunding* de *real estate*
12. Crear un NFT
13. *Network marketing*
14. *Staking* con criptomonedas
15. Vender productos en Amazon FBA
16. Máquinas de *vending*
17. Lavanderías automáticas
18. Dividendos de acciones
19. Afiliado de cursos en línea
20. Publicidad en tu blog/página web

Seguro que estás pensando que muchos de estos recursos no son para ti. Para mí tampoco. Pero lo importante es buscar en esta lista, o en los cientos que puedes encontrar, cuáles sí encajan con tus recursos y de forma progresiva ir implementándolos a tu vida.

Ahora que conoces los distintos tipos de ingresos, es hora de poner foco en crear cada vez más fuentes de ingresos. No necesitas que todas funcionen a la perfección y te generen grandísimos ingresos, sino ir poco a poco aumentando el número de fuentes de ingresos pasivos e ir de forma constante optimizándolos para diversificar tus ingresos tanto como sea posible.

Activos vs. Pasivos

La independencia financiera

Un 28 por ciento de los españoles vive en hogares con *desahorro*, es decir, en los últimos doce meses gastaron más dinero del que ingresaron, según los últimos datos de la «Encuesta de competencias financieras» llevada a cabo por la CNMV junto con el Banco de España. Y no sólo eso, sino que un 39 por ciento de los hogares no tiene para imprevistos, es decir, viven al día sin ahorros de ningún tipo. Lo que supone que ante el mínimo contratiempo entrarán en situación de *desahorro* y se verán obligados a endeudarse.

Cuando miramos hacia este contexto, soy más que consciente de que hablar de independencia financiera suena a algo utópico y, desde luego, poco bajado a tierra. Sin embargo, como vamos a ver, la *independencia financiera* es un concepto que todos nosotros deberíamos manejar y que nos servirá incluso para medir cómo de saneadas se encuentran nuestras finanzas.

La independencia financiera no es un número. No es algo que nos dice que a partir del millón de euros seremos millonarios. Sino que se trata de un nivel que nos indica cuántos meses, si ahora mismo todos tus ingresos activos desaparecieran, podrías seguir manteniendo tu estilo de vida actual. A mí me gusta decir que **la independencia financiera es un indicador de tranquilidad financiera**.

Calcular tu nivel de independencia financiera actual es sencillo. Por una parte, necesitamos saber cuáles son nuestros gastos mensuales básicos, nuestros ingresos pasivos (ésos que no dependen de nuestro tiempo, si los tenemos) y nuestro nivel de ahorro, y, por otra, nuestros gastos habituales.

Utilizaremos la siguiente fórmula:

Independencia financiera= total ahorros/ (gastos mensuales - ingresos pasivos mensuales)

Por ejemplo, si ahora mismo tus gastos mensuales son de 1.200 euros, cuentas con un ingreso pasivo de 300 euros (por ejemplo, derivado del alquiler de un apartamento) y tus ahorros actuales son de 3.000 euros, éste sería tu nivel de independencia financiera:

3.000 €/(1.200 € gastos mensuales – 300 € ingresos pasivos) = 3,3 meses

La independencia financiera siempre la medimos en meses y representa algo realmente importante de cara a valorar nuestra salud financiera: el número de meses que serías capaz de mantener tu estilo de vida actual si, de repente, dejaras de recibir ingresos activos. Dicho de otra forma, si pierdes tu trabajo, tienes una emergencia familiar o simplemente te apetece irte a Bali a tomarte unos meses sabáticos, teniendo en cuenta tus ahorros y tus ingresos pasivos actuales, ¿durante cuánto tiempo podrías extender esa situación?

Ya lo decíamos al comienzo, la mayoría de las personas vive a muy pocos meses de la hecatombe financiera. Y, sin embargo, aun a riesgo de parecer demasiado pesimista, la realidad es que todos vamos a tener algún contratiempo en los siguientes años. Decía Dave Ramsey en su libro *La transformación total de su dinero*[1] que el 78 por ciento de nosotros tendremos un suceso negativo en los próximos diez años. Personalmente no sé si esto le ocurrirá al 78 por ciento de la población ni si será en los próximos diez años, pero acabará pasando. Tal vez te quedes sin trabajo, tengas algún gasto médico que afrontar, se rompa el coche o nos vuelva a sor-

1. Ramsey, D., *La transformación total de su dinero*, Grupo Nelson (HarperCollins Christian Publishing Inc.), Nashville (EE. UU.), 2020.

prender una pandemia mundial que ponga de nuevo en jaque la economía y nuestra forma de vida.

Muchas personas evitan prestar atención a estos posibles contratiempos. Nos aseguramos que no ocurrirán, al menos no a nosotros, y en el remoto caso de que algo así nos acabara pasando, estamos casi seguros de que sabríamos encontrar una solución y salir airosos de ahí.

Otras personas, sin embargo, tal vez porque en algún momento vivieron ya algo parecido o porque entienden mejor que estas situaciones no son la excepción, son más conscientes de que algo podría pasar y de que para hacerle frente necesitan incrementar su nivel de independencia financiera. El problema aquí suele ser que nunca es buen momento para comenzar a hacerlo. En agosto las vacaciones, en septiembre la vuelta al cole, en diciembre las Navidades, etcétera. Y así van pasando los meses, repitiéndonos que comenzaremos cuando las circunstancias sean mejores, cuando nuestros gastos sean menores, con la próxima paga extra... Nos hacemos la promesa de que lo haremos en un futuro, pero mientras, en nuestro fuero interno, sabemos que no llegará ese momento perfecto, que se trata de comenzar ahora, pero no sabemos cómo hacerlo.

A medida que vayamos avanzando en este proceso, irás aprendiendo cómo empezar desde ya, sea cual sea tu punto de partida, a trabajar en pro de esta tranquilidad financiera. Tal y como veremos un poco más adelante, el nivel óptimo que nos permitirá disfrutar de cierta tranquilidad se sitúa en torno a seis meses.

Momento de acción

Ahora que ya sabes más sobre la independencia financiera y la influencia de ésta en nuestra calidad de vida, ha llegado el momento de pasar a la acción. Siempre que busquemos un cambio en cualquier área de la vida, deberíamos comenzar igual: analizando dónde estamos ahora mismo. Si no sabes dónde te encuentras será complicado —por no decir imposible— que seas capaz de trazar el camino que te llevará donde te gustaría estar.

Para ello, lo primero que te invito a hacer es analizar en qué punto te encuentras actualmente, calculando tu independencia financiera actual.

Una vez que seas consciente del punto en el que estás, una vez que tengas esta cifra, piensa en cuál sería idealmente para ti el nivel deseable de independencia financiera.

Si te registras en <https://celiarubio.com/libro> recibirás en tu correo un cuaderno de ejercicios en el que encontrarás tanto éste como todos los ejercicios propuestos en este libro.

Independencia financiera

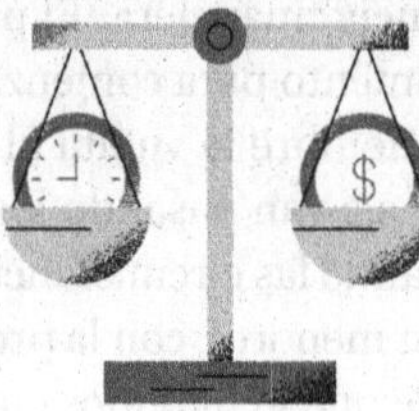

La libertad financiera

Había una vez una pequeña y bonita aldea. Era un lugar idílico para vivir, sin embargo, tenía un problema importante: la aldea no disponía de agua. Sus habitantes sólo podían tener agua cuando llovía.

Para acabar con este problema que tantos quebraderos de cabeza causaba a todos los habitantes, el sabio de la aldea, un anciano que rondaba los noventa años, pero seguía gozando de una salud vigorosa, decidió encomendar al voluntario que se prestase la tarea de suministrar agua a la aldea de forma diaria.

Dos jóvenes de la aldea, Bruno y Pablo, se ofrecieron para realizar dicha acción. El anciano decidió contratar a ambos, eran chicos muy diferentes y la competencia les motivaría a llevar a cabo con éxito el cometido.

Al día siguiente, a primera hora de la mañana, Bruno salió inmediatamente camino de un arroyo que se encontraba en una montaña cercana. Tiempo después regresó a la aldea con dos cubetas llenas de agua y continuó haciéndolo una y otra vez durante todo el día. Al final de la jornada el joven estaba agotado, pero había conseguido cumplir de forma exitosa con la tarea, todos los vecinos pudieron disfrutar ese día de agua potable. Y, por supuesto, él a cambio comenzó a ganar dinero desde ese mismo día. Sin duda, era un trabajo duro, pero el chico estaba feliz, por fin había conseguido su primer trabajo, y con ello su primera fuente de ingresos.

Pablo por su parte estaba aparentemente inactivo, nadie sabía por qué ningún día llegaba con agua a la aldea. Todo el pueblo, incluido Bruno, se mofaba de él y pensaba que había desistido.

Pero Pablo jamás desistió. Lo que ocurrió es que, tras observar a Bruno el primer día, se dio cuenta de que su plan tenía carencias importantes: a pesar de que la remuneración que ofrecía el sabio por cada cubeta era atractiva, ¿qué ocurriría si un día estaba enfermo? ¿Y si se caía y sufría un esguince? Bruno no podría trabajar tan duramente y dejaría de percibir ingresos.

Tras observar esto, Pablo había comenzado a trazar un plan para traer el agua del arroyo a la aldea de forma más eficiente. Así que, mientras Bruno trabajaba todo el día y después se iba al bar a disfrutar del dinero ganado, Pablo seguía manteniendo su antiguo trabajo, trabajaba duramente ocho horas cada día, y luego se iba a casa a continuar diseñando su plan. Era bueno convenciendo a otras personas, así que tan pronto como tuvo terminado su plan convenció a algunos vecinos para que lo ayudaran a llevarlo a cabo, a cambio de una comisión posterior.

Al cabo de un año su equipo había construido una tubería de acero de gran volumen que conectaba la aldea con el lago. Cuando la tubería comenzó a funcionar, Pablo anunció feliz que gracias a este nuevo sistema los vecinos podrían tener agua en la aldea veinticuatro horas al día, siete días a la semana. Y lo mejor, Pablo ya no tendría que ocuparse de nada, podría quedarse en casa, ir a dar un paseo o hacer con su tiempo lo que quisiera.

La empresa de Bruno, que parecía segura y aseguraba ganancias para siempre, había quedado desfasada y se encontraba en la quiebra. Con la nueva tubería funcionando veinticuatro horas ya nadie le pagaría por sus cubetas de agua. Su sistema de trabajo duro era más rápido al comienzo, pero sin duda mucho más lento al final y menos eficiente que el de Pablo.

Aun así, Bruno no desistió y durante algunas semanas continuó cargando cada día las cubas de agua. No podía asumir la idea de que lo que siempre había funcionado de repente dejara de hacerlo.

Versión de *La parábola del Conducto*, de Burke Hedges.[2]

El concepto del que vamos a hablar ahora, **la *libertad financiera***, se encuentra estrechamente relacionado con esta historia de Pablo y Bruno. Desde pequeños hemos sido educados para trabajar duro y ganar dinero al igual que Bruno, y cuando alguien como Pablo pretende buscar una opción diferente es tratado como loco.

La libertad financiera representa ese momento en el que al fin nuestra tubería también comienza a traer agua de forma constante, es el momento en el que ya no tendremos que trabajar salvo que queramos hacerlo. Para conseguir esto, necesitamos que nuestros ingresos pasivos (aquellos que no dependen de nuestro trabajo) sean suficientes para cubrir nuestros gastos habituales.

Sé que en un primer momento la idea de no tener que levantarte un lunes a las siete de la mañana, aunque atractiva, suena poco realista. Sin embargo, se trata de algo que todos en algún momento de nuestra vida debemos alcanzar. Estoy segura de que no te imaginas a ti mismo con ochenta años yendo cada día a la oficina, al menos no haciéndolo por obligación. Alcanzar la libertad financiera es alcanzar ese momento en el que ya podemos jubilarnos, puesto que ya no dependemos de los ingresos de nuestro trabajo.

Tradicionalmente en España, y en la mayoría de los países, hemos dejado el asunto de la jubilación en manos del Estado, con la esperanza de que cuando llegue el momento (el que ese mismo Estado decida que es adecuado para jubilarte), se nos proporcionarán los medios necesarios para hacerlo.

Y a pesar de ser lo que siempre hemos hecho, dejar un asunto tan trascendental en manos de otras personas es un grave error. Por ello, este libro es una invitación a la responsabilidad personal, para conseguir que seas tú la única persona que decida sobre tu futuro, para que tú decidas cuándo y cómo jubilarte.

Nos guste o no la idea de ser nosotros quienes asumamos esta

2. Hedges, B., *La parábola del Conducto*, Colare Trading Co., Bogotá (Colombia), 2001.

responsabilidad, lo cierto es que no queda otra opción. Si tomamos como ejemplo el sistema público de pensiones en España y nos paramos a analizarlo, es fácil darse cuenta de que este sistema, al menos tal y como lo conocemos actualmente, tiene los días contados.

El sistema de pensiones español se basa en el sistema de reparto, de tal forma que con las cotizaciones de las personas que están en activo hoy se pagan las prestaciones de los jubilados de hoy, pero no sus propias pensiones del futuro. Este sistema tenía sentido y funcionaba bien mientras las tasas de natalidad eran altas y la esperanza de vida más reducida, y como consecuencia siempre había un mayor número en la base (es decir, trabajadores activos) que en el pico de la pirámide poblacional (personas jubiladas). Sin embargo, a medida que la tasa de natalidad ha ido cayendo y la esperanza de vida aumentando, la sostenibilidad del sistema se ha puesto en entredicho. De hecho, organizaciones como la OCDE (Organización para la Cooperación y el Desarrollo Económicos) afirman que el sistema se ha demostrado insostenible a largo plazo y proponen una serie de medidas para adaptarlo a la nueva realidad que estamos viviendo. Medidas tales como:

Ampliar la edad de jubilación a los 67 años (previsto para 2027) y progresivamente seguir incrementándola según el aumento en la esperanza de vida.

Aumentar el período utilizado para calcular las pensiones, pasando de los últimos quince años de cotización utilizados actualmente a la totalidad del período cotizado. Es decir, el dinero que recibamos en el momento de jubilarnos se calculará en base a los sueldos recibidos durante toda nuestra vida laboral.

Además, otras medidas como reducir de forma importante las cuantías de las prestaciones apuntan hacia un futuro poco alentador.

Con este escenario, y teniendo en cuenta que según el mismo informe de la OCDE «los ahorros acumulados en pensiones privadas en España representan alrededor del 7 por ciento del PIB frente a una media del 60 por ciento en el resto de los países de la OCDE», se hace más que necesario que hablemos del significado de la libertad financiera y de la necesidad de comenzar a trabajar desde ya para conseguirla.

Como hemos visto, necesitamos diversificar nuestras fuentes

de ingresos, sobre todo poniendo el foco en crear fuentes de ingresos pasivos. Para eso, una de las primeras ideas que necesitamos tener claras es la de libertad financiera:

Libertad financiera = Momento en el que ya no dependes de ingresos activos, no tienes que trabajar salvo por vocación o porque a propósito decidas hacerlo.

Por ello, alcanzar la libertad financiera supone tener un plan para que tu futuro dependa de ti y no de terceras personas. Un plan para que tú decidas cuándo y cómo hacerlo.

3

Tu meta económica

—¿Podrías decirme, por favor, qué camino debo seguir para salir de aquí?

—Esto depende en gran parte del sitio al que quieras llegar —dijo el gato.

—No me importa mucho el sitio... —dijo Alicia.

—Entonces tampoco importa mucho el camino que tomes —dijo el gato.

LEWIS CARROLL, *Alicia en el país de las maravillas*

A lo largo de estos primeros capítulos hemos visto cómo desde pequeños hemos sido condicionados a pensar en una dirección determinada. Y cómo todo este condicionamiento que arrastramos a lo largo de los años nos ha llevado hasta nuestros resultados actuales. También hemos visto cómo el tomar consciencia de esto supone la base para empezar a cambiar. En este último capítulo, antes de entrar a la parte más práctica de este libro, conseguimos incrementar nuestro nivel de inteligencia financiera, aprendiendo algunos de esos conceptos que nos deberían haber enseñado en el colegio.

Con esto ya tenemos prácticamente todo lo que necesitamos para comenzar a cambiar cosas en nuestras finanzas. Pero falta una cosa más.

Lewis Carroll, autor de *Alicia en el país de las maravillas*, escribió: «Si no sabes a dónde vas, cualquier camino te sirve».

Imagina que hoy coges un coche y comienzas a conducir sin tener ni idea de hacia dónde te diriges. Lo más probable es que acabes tu aventura sin haber llegado a esa playa con la que soñabas o a ese lugar paradisíaco. Y es que si queremos obtener un resultado satisfactorio, antes de empezar debemos tener claro qué es eso que queremos alcanzar.

Por eso antes de empezar este sistema es necesario que describas con precisión cuál es esa meta económica que te gustaría alcanzar. Tu meta económica debería ser un reflejo del estilo de vida que quieres llevar: en qué casa te gustaría vivir, a qué colegio llevar a tus hijos, dónde irías de viaje, etc., por lo que antes de establecer esta meta, necesitas hacer de forma previa este recorrido por todas esas áreas importantes de la vida para estar seguro de que, una vez la alcances, te sientas satisfecho con ella.

Para evitar caer en la codicia —posiblemente para alguien tener dos Ferraris en la puerta sea lo que de verdad le va a llenar, pero apuesto a que no lo es para la mayoría— o marcarse metas irreales, vamos a utilizar la fórmula SMART. Esta famosa fórmula apareció por primera vez en el libro *Attitude Is Everything!*, de Paul J. Meyer,[3] y su significado es el siguiente:

S —*Specific* (Específico)—. Necesitas que tu meta sea concreta.

Por ejemplo: «No tener problemas de dinero» NO es algo específico. Sin embargo, «generar 1.000 euros al mes como ingresos pasivos» sí lo es.

M —*Mesurable* (Medible)—. Tu objetivo necesita tener una unidad de medida objetiva.

Por ejemplo, «ser más feliz» NO es medible. Sin embargo, «dejar de tomar ansiolíticos» sí lo es.

A —*Attinable* (Alcanzable)—. Es el punto de realismo que tu objetivo necesita.

3. Meyer, P. J., *Attitude Is Everything! If You Want to Succeed Above and Beyond*, Meyer Resource Group, Incorporated, Waco (EE. UU.), 2003.

Por ejemplo, para la mayoría de las personas proponerse generar 100.000 euros como ingresos pasivos de forma mensual puede ser algo poco realista. Sin embargo, la meta de conseguir 2.000 o 3.000 euros al mes sí es algo mucho más racional.

R —*Relevant* (Relevante)—. Tu meta debe ser algo lo suficientemente importante para ti, como para hacerte levantar de la cama por las mañanas con energía.

Si te propones generar 50 euros al mes de ingresos pasivos, por muy realista que sea seguramente esa meta, puede que no te motive lo suficiente.

T —*Timely* (Limitado en el tiempo)—. Necesitas una fecha tope en la que alcanzar tu objetivo.

Sabemos por la ley de Parkinson que las tareas tienden a extenderse en el tiempo hasta ocupar el total del tiempo disponible para ellas. Dicho de otra manera, si tienes una semana para hacer la tarea, tardarás una semana, pero si tienes un mes, tardarás un mes. Es por ello por lo que tus metas siempre han de tener una fecha límite definida.

Por ejemplo, no sirve con decir «quiero generar 1.000 euros al mes mediante ingresos pasivos», sino que la manera de formularlo sería «quiero generar 1.000 euros al mes como ingresos pasivos antes del 31 de diciembre del próximo año».

Momento de acción

Ahora que conoces cómo es la manera óptima de formular tus metas, te animo a que en este punto pares, reflexiones y crees tu meta financiera a largo plazo según la fórmula SMART.

Te recuerdo que todas estas actividades las tienes en el cuaderno de actividades gratuitas que puedes descargar en <https://celiarubio.com/libro>.

4

Haz que las cosas cambien

Cuando creíamos que teníamos todas las respuestas, de pronto cambiaron todas las preguntas.

MARIO BENEDETTI

Un maestro paseaba por un bosque con su fiel discípulo, cuando a lo lejos vio un sitio de apariencia pobre y decidió hacer una breve visita.

Una vez allí, pudieron constatar la pobreza del lugar y de sus habitantes, una pareja y sus tres hijos. Vivían en una casa de madera, iban vestidos con ropas sucias y rasgadas, y descalzos. El maestro se aproximó al hombre y le preguntó:

—Aquí no existen posibilidades de trabajo, ni tampoco hay comercios. ¿Cómo os las arregláis para poder sobrevivir en este lugar?

—Amigo mío —respondió calmadamente el hombre—, tenemos una vaca que nos da varios litros de leche todos los días. Una parte de la producción la vendemos o la cambiamos por otros alimentos en el pueblo de al lado. Con la otra parte de la leche que nos da la vaca, producimos queso y manteca para nuestro consumo, y es así como vamos sobreviviendo.

El sabio agradeció la información, contempló el lugar por un momento, se despidió del hombre y de su familia y se fue. En medio del camino, se giró hacia su fiel discípulo y le ordenó:

—Regresa a la casa de la familia y roba la vaca.

El joven miró al maestro con espanto y protestó por la orden. La vaca era el único medio de subsistencia de esa familia. Pero como percibió el silencio absoluto del maestro, cumplió temeroso la orden y robó la vaca. Aquel hecho quedó grabado en su memoria durante años.

Un día, el joven decidió dejar a su maestro y regresar a aquel lugar para contar lo sucedido a la familia, pedir perdón y ofrecerles su ayuda.

A medida que se aproximaba al lugar, comprobó que todo había cambiado: había árboles floridos, una bonita casa en lugar de la casucha de madera y niños jugando en el jardín.

El joven se sintió triste y desesperado, ya que supuso que aquella humilde familia había tenido que vender el terreno para sobrevivir. Aceleró el paso y, cuando llegó, lo recibió un hombre muy simpático.

El chico preguntó por la familia que había vivido allí años atrás. El hombre respondió que siempre habían vivido allí, que eran los mismos.

Consternado, el joven preguntó:

—¿Cómo habéis conseguido mejorar este lugar y vuestra vida de forma tan extraordinaria?

—Teníamos una vaca —respondió entusiasmado el hombre—, pero un día nos la robaron. Entonces nos vimos en la necesidad de hacer cosas nuevas y desarrollar otras habilidades que no sabíamos que teníamos. Fue así como alcanzamos la prosperidad.

La vaca, del Dr. Camilo Cruz[4]

Las personas contamos con una enorme capacidad de adaptación. Independientemente de cuáles sean nuestras circunstancias ac-

4. Cruz, C., *La vaca*, Taller del éxito, Miami (EE. UU.), 2007.

tuales, en la mayoría de los casos acabamos adaptándonos a ellas y asumiéndolas como normales.

El problema es que ponemos tanta atención y focalizamos tanto nuestra energía en continuar con nuestro día a día que nunca encontramos el momento adecuado para comenzar a hacer cambios. La realidad es que este momento perfecto no existe, al igual que ocurría con la familia de este cuento, muchas personas sólo consiguen empezar este proceso de transformación cuando algo muy grave ocurre, cuando, por ejemplo, se ven con una gran deuda a la que no saben cómo hacer frente o pierden su trabajo quedándose sin fuente de ingresos alguna.

A partir de ahora y durante el resto del libro nos adentraremos de lleno en un método de siete pasos que te permitirá iniciar un cambio radical en tus finanzas y en tu vida. Como cualquier otro cambio que iniciemos en nuestra vida, esto supone salir de la zona de confort. Esforzarnos para hacer las cosas de un modo distinto. Por ello, lo que me gustaría pedirte a partir de ahora es que no esperes a que algo de fuera cambie para comenzar, a que las circunstancias sean propicias y, mucho menos, no esperes a que no te quede otra opción más que cambiar. Ahora conoces mucho más acerca de la verdadera raíz de tus resultados económicos y cuentas con las bases necesarias para iniciar este camino, por ello sea cual sea tu situación al iniciar esta transformación, comenzar este viaje está en tu mano y puedes hacerlo ahora mismo.

Decidirnos a cambiar no es fácil, de hecho, lo más probable es que antes de la lectura de este libro ya hayas intentado mejorar parte de tus finanzas, tal vez porque querías llegar a fin de mes, ahorrar más o reducir gastos innecesarios. Sin embargo, en algún momento acabamos dejando en el olvido estas buenas intenciones y abandonamos en el camino.

Por ello, **la verdadera clave no está en comenzar, sino en continuar**.

Una vez entras en este sistema, una de las cosas más difíciles de conseguir es mantener tu mente abierta a lo largo de todo el proceso. Como decíamos antes, las personas tenemos tendencia a actuar de la forma que lo hemos hecho siempre, nuestro cerebro de forma inconsciente nos condiciona para repetir las mismas acciones una y otra y otra vez. Muchos de los principios que explicaremos a continuación van a chocar de frente tanto con tus creencias, como con tu manera de ser y actuar con el dinero hasta este momento. Por ello, te pido que a partir de ahora pienses en ti mismo como en dos personas distintas: tu yo anterior y tu yo actual. Para así nunca permitir que tu pasado continúe condicionando tu futuro. No pienses en cómo normalmente afrontarías tú esa situación, sino en cuál sería la mejor manera de hacerlo a partir de ahora.

Un sistema de siete pasos

El sistema que juntos vamos a recorrer a partir de ahora supone una fórmula que, cuando la seguimos y la mantenemos en el tiempo, es capaz de llevar a cualquier persona a transformar, de forma total, sus finanzas.

Con cada uno de los pasos de este método aprenderás diferentes maneras de llevarlo a la práctica; se trata de identificar cómo adaptar esto a tus circunstancias personales. En ningún caso pienses que no puedes implementar o que no necesitas alguno de los pasos. Es importante que sigas todos los pasos y que lo hagas por orden. A medida que sigas avanzando te darás cuenta de cómo los distintos pasos forman parte de un sistema que va encadenando unos con otros.

Además, en algunos de estos pasos encontrarás materiales adicionales como plantillas Excel o vídeos que amplían la información para ayudarte a encontrar la mejor manera de pasar a la acción en ese punto.

Los siete pasos que componen el método son:

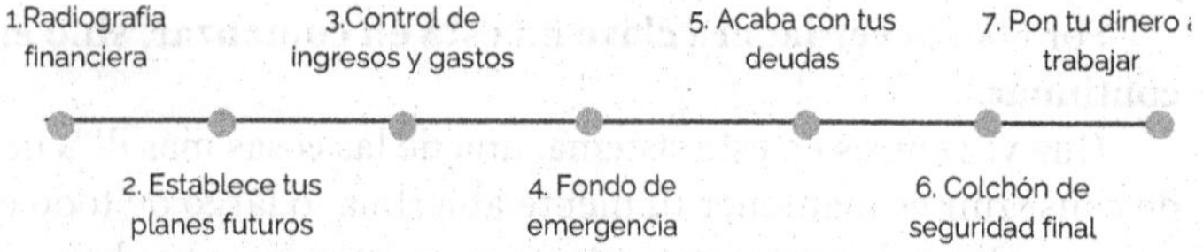

1. Radiografía financiera

Para comenzar a mejorar nuestras finanzas, una de las primeras cosas que necesitamos es saber con detalle cómo están en este momento. Por ello comenzaremos por hacer un análisis exhaustivo de tu punto de partida.

2. Establece tus planes futuros

Una vez que somos conscientes de cuál es nuestra situación inicial es momento de empezar a hacer las cosas distintas a partir de ahora. Para ello aprenderemos cómo establecer presupuestos que nos acerquen a nuestras metas económicas.

3. Control de ingresos y gastos

Lo que no se mide no se puede mejorar. Y cuando se trata de dinero esto es aun si cabe más cierto. Una de las cosas más importantes para alcanzar nuestros objetivos económicos es que seamos capaces de medir si estamos en el camino correcto. Para ello necesitaremos comenzar a realizar este control de ingresos y gastos para determinar si estamos o no cumpliendo con nuestros planes, y tener toda la información acerca de qué está ocurriendo con nuestro dinero.

4. Fondo de emergencia

Al llegar a este punto, ya habremos puesto nuestras finanzas en orden, pero entonces habrá llegado el momento de empezar a hacer cosas de forma distinta. Lo primero será crear un fondo de emergencia, un dinero que te ayude a afrontar cualquier contratiempo que pueda aparecer en el corto plazo.

5. Acaba con tu deuda

Si hay algo que nos limita a la hora de conseguir nuestros objetivos, sin duda son las deudas. Las deudas suponen una fuerte carga a nivel económico y emocional, por ello en este punto nos encargaremos de elaborar un sistema con el que acabar de forma más rápida y eficiente con nuestras deudas.

6. Colchón de seguridad

En la vida ocurren cosas, contratiempos que pueden poner en serio peligro nuestra salud financiera, y a los que sólo con nuestro fondo de emergencia no podríamos hacer frente. Por ello construiremos una base de ahorros que nos sirva para afrontar este tiempo de situaciones.

7. Haz que tu dinero trabaje para ti

Todos los cambios realizados hasta este punto nos habrán ayudado a tener unas finanzas mucho más saneadas, a tomar las riendas de éstas, siendo nosotros quienes decidamos qué es lo que va a pasar con nuestro dinero, y asegurándonos de que podemos llegar bien a fin de mes. Sin embargo, para ganar la partida del dinero necesitamos algo más, necesitamos hacer que nuestro dinero comience a trabajar para nosotros. Por eso aquí aprenderemos cómo construir una estrategia de inversión a medio y largo plazo y veremos los distintos productos financieros que nos pueden ayudar a llevarlo a la práctica.

PASO 1:

TU RADIOGRAFÍA FINANCIERA

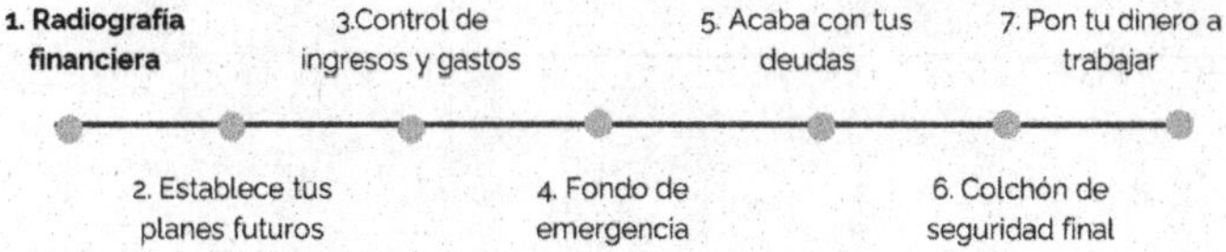

De la misma forma que en el campo de la medicina, enfermedades como la diabetes, que se cobraba la vida de millones de personas cada año, no se hicieron patentes hasta que se desarrollaron los análisis clínicos de sangre, o no fuimos conscientes de la cantidad de microorganismos que conviven con nosotros hasta la invención del microscopio, las personas necesitamos una unidad objetiva para evidenciar qué es lo que va mal con nuestras finanzas.

Por ello, si hay algo que resulta fundamental a la hora de empezar a transformar tus finanzas es contarte la verdad acerca de lo que está pasando en estos momentos con tu dinero. Lo que no se mide no se puede mejorar, ésta es una regla aplicable a cualquier ámbito de nuestra vida, y nuestras finanzas no son la excepción. Necesitamos saber dónde estamos, hacernos algunas de esas preguntas «incómodas» que hasta ahora tal vez estábamos evitando y tomar consciencia exactamente de en qué punto nos encontramos.

En definitiva, lo que necesitamos es contarnos la verdad sobre qué está ocurriendo con nuestra economía. Por eso, durante esta primera parte del sistema vamos a entrar de lleno aquí, analizando cómo estamos en este momento y ya sí, desde ahí, empezar el plan para conseguir nuestras metas.

5

¿Por qué has llegado hasta este punto?

> Lo que no se aprende por discernimiento se aprende por sufrimiento.
>
> Carl Jung

Déjame hacerte una pegunta: ¿en alguna ocasión has llegado a final de mes (o incluso a mitad de mes) y al mirar tu cuenta bancaria has pensado que debía ser un error, que era imposible que estuviese así? Al fin y al cabo, si no habías comprado nada importante, si no habías hecho ningún gran gasto, ¿dónde se había ido tu dinero?

Y es que ésa es la pregunta clave: «¿Dónde se ha ido mi dinero?». La pregunta a la que con frecuencia no sabemos cómo contestar. Sin embargo, su respuesta la solemos encontrar más cerca de lo que pensamos, en esto que llamamos «gastos hormiga», estos gastos pequeños y recurrentes, como el café que te tomas cada día fuera de casa, la comida que compras en el trabajo o las comisiones que tal vez estás pagando a tu banco y que te podrías estar ahorrando, entre otros. Se trata de gastos que aparentemente son insignificantes y, por tanto, quedan fuera de nuestra previsión y no les prestamos atención, pero acaban generando una fuga de dinero constante. Podríamos decir que estos gastos son algo así como una gotera, algo aparentemente muy pequeño como para causar algún daño, pero que, si no controlamos a tiempo, puede acabar ocasionando graves perjuicios.

Así que, con que sólo fuéramos conscientes del verdadero valor del dinero y aprendiéramos a utilizarlo para las cosas que de verdad valen la pena, evitando este tipo de gastos superfluos, esta pregunta dejaría de ser necesaria.

Durante el aprendizaje y la aplicación de este sistema iremos aprendiendo cómo controlar los diferentes gastos (tanto los grandes y aparentemente necesarios como estos diminutos gastos hormiga) para que nunca más supongan un problema, pero necesitas conocer cómo hasta ahora te han estado afectando.

Para eso, vamos a comenzar por hacer tu **radiografía financiera**. De la misma manera que si te caes y vas al médico por un dolor de hombro seguramente te haga una radiografía para ver si está roto o tiene algún tipo de luxación y así determinar la mejor línea de tratamiento, aquí vamos a hacerles a tus finanzas esta radiografía para ver cómo se encuentran en este momento, qué es lo que no funciona y así poder ponerle solución.

Para conseguir crear esta radiografía vamos a utilizar dos herramientas que nos permitirán conocer en profundidad cómo estamos ahora mismo y por qué hemos llegado hasta aquí:

- Balance personal
- Análisis de tus gastos de los dos últimos meses

¿Están tus finanzas equilibradas?

La primera herramienta es el balance personal. Desde la óptica de las finanzas personales, entender qué es un balance resulta bastante sencillo: se trata de poner en perspectiva cuánto tienes y cuánto debes. Con esto obtenemos una fotografía de cómo están tus finanzas ahora mismo, se trata de ver si la balanza se inclina hacia el lado de los activos o de los pasivos.

Lo primero que comenzaremos introduciendo en este balance son tus activos, es decir, completaremos la parte de cuánto tienes. La idea aquí es incluir todo aquello que tienes ahora mismo y que posee un valor en el mercado, es decir, que si quisieras venderlo ahora mismo alguien estaría dispuesto a pagar una cantidad de dinero a cambio. Es importante tener esto en cuenta puesto que muchas veces tenemos cosas que cuentan con un gran valor sentimental, pero que su precio de mercado es nulo, es decir, nadie pagaría por ello. Lo que incluimos en esta parte del balance puede ser desde una casa, un coche u otros objetos como ordenadores, cuadros, teléfonos etc., hasta productos financieros o dinero líquido.

Podemos dividir estos activos en dos grupos:

- Activos líquidos
- Activos convertibles

Los **activos líquidos** son aquellos más fácilmente transformables en dinero, con los que en muy poco tiempo en caso de necesitarlos podrían ser cambiados por dinero. Aquí se incluye el dinero en efectivo —en cuentas corrientes, en casa, etc.— y también todo el dinero que tienes dentro de inversiones (excepto inmuebles), ya sean acciones, criptomonedas, fondos de inversión, planes PIAS, planes de pensiones, etcétera.

Cuando se trata de inversiones es importante reflejar el valor actual de las mismas, por ejemplo, si tú invertiste hace un año 1.000 euros en un fondo de inversión, pero su valor actual es de 1.200 euros, la cifra que deberías reflejar en tu balance es esta última, por ello, como veremos después, este balance es algo vivo que cada cierto tiempo deberías actualizar (no te asustes, a partir de ahora no te vas a volver un esclavo de tu balance, con una vez al año es más que suficiente).

Por otra parte, encontramos los **activos convertibles**. Son aquellos que no son dinero como tal, o no puedes ver en una pantalla su valor exacto de mercado, pero que en un momento determinado podrías intercambiar por dinero. Cualquier cosa que tengas susceptible de ser vendida —aunque no tengas intención de hacerlo—. Por ejemplo, si tienes una bicicleta, un coche o un sofá que podrías vender, eso lo incluimos en los activos de tu balance. Sin embargo, si tienes una camiseta antigua, que por mucho cariño que le tengas de ninguna manera podría ser vendida, ésa no entrará en el balance.

La idea es incluir aquí cualquier objeto que tenga valor de mercado, que exista alguien potencialmente dispuesto a pagar por ello. De nuevo, al igual que ocurría en el caso de los activos financieros, es importante que cuando pongas su valor lo hagas de acuerdo con el valor actual de mercado, no en función de lo que tú pagaste por él.

Si, por ejemplo, en 2008 compraste una casa en España por 400.000 euros, pero el valor actual de mercado es de 250.000 euros —caso típico de lo ocurrido durante la burbuja inmobiliaria—, será esta última cantidad la que debería aparecer en tu balance.

Con los activos líquidos y los activos convertibles habremos acabado de completar los activos de nuestro balance, es decir, ya sabemos cuánto tenemos.

Esta parte del balance es la más larga de hacer por la gran cantidad de objetos que tenemos que incluir aquí. Aunque tampoco hace falta volverse loco, con poner los más importantes será suficiente. Pero, aunque larga, sin duda esta parte es la más satisfactoria, ver y tomar conciencia de todo aquello que tenemos. La siguiente parte es bastante más rápida (o debería serlo), pero sin lugar a dudas mucho más dura.

Para completar la segunda parte de este balance comenzaremos a rellenar nuestro pasivo. Esto supone recopilar aquí todo lo que debemos. Para ello necesitamos elaborar un listado de todas nuestras deudas, tanto con entidades financieras, como con amigos, compras que financiaste a plazos, etcétera. En este caso el importe de cada deuda debería ser el importe total que tienes por saldar (dinero prestado que aún te queda por devolver + intereses pendientes).

Hacer este ejercicio puede ser bastante doloroso, ya que elaborar este listado pasa por tomarnos un *chupito* de realidad y ver cómo está nuestra situación financiera.

Una vez tengas preparadas estas dos partes de tu balance llega el momento de medir el punto de equilibrio, sumar todos los activos y restar el total de los pasivos. Con esta diferencia entre activos —lo que tengo— y pasivos —lo que debo—, tendremos nuestro patrimonio neto.

Generalmente el resultado de este patrimonio suele ser positivo, lo cual es una gran noticia, ya que refleja que la cantidad de dinero que has conseguido mantener es mayor a la que aún debes. Sin embargo, en ocasiones esto no sucede así, sobre todo si en algún momento hemos hecho una mala compra (por ejemplo, comprar una casa en plena burbuja inmobiliaria) o si hemos sido víctimas de estafas, situaciones que nos pueden llevar a tener un balance en negativo. En cualquier caso, lo importante de este ejercicio no es la cifra que ves ahora, o si esa cifra está mejor o peor de lo que esperabas, sino que la clave está en entender el verdadero significado detrás de esto. Estamos aún en el primer paso del sistema, así que, conociendo tu punto de partida, a lo largo de los seis siguientes puntos tendrás las herramientas necesarias para que el resultado que ahora aparece en tu hoja sea completamente distinto.

Por ello, lo verdaderamente importante es que tomes consciencia de cuál es tu punto de inicio y de qué cosas te han llevado hasta él, ya que sólo conociendo de dónde partimos seremos capaces de emprender el camino hacia nuestras metas financieras.

Para que te resulte más sencillo elaborar este balance aquí te muestro un ejemplo de cómo sería el proceso de elaboración.

Cómo hacer el balance

¿Qué ha pasado con tu dinero?

Una vez acabado este ejercicio es el momento de avanzar hacia la segunda parte de esta radiografía financiera: el análisis de gastos de tus dos últimos meses.

Éste es uno de los ejercicios más importantes y reveladores que harás con respecto a tu dinero, ya que te permite entender dónde se está yendo tu dinero. Esta toma de consciencia acerca de dónde estás poniendo tu dinero es un punto clave para conocer la verdadera razón de tus resultados financieros y para tener las bases necesarias para empezar a cambiar.

Para llevar a cabo este ejercicio necesitarás coger todas tus cuentas bancarias, tus tarjetas de crédito, cuentas de PayPal, todos los tiques, facturas o recibos que tengas por casa, y también utilizar un poco la memoria para aquellos gastos que no tengas dónde consultar, ya que la idea es poder hacer una recopilación de todos tus gastos, para posteriormente agruparlos por categorías y así saber qué cantidad de dinero estás destinando a cada una de ellas.

Como decíamos al comienzo de este libro, tu dinero es también tu tiempo, tu energía. Por ello, afirmar que no es importante saber qué ocurre con él sería como decir que no es importante saber cuánto tiempo les dedicas a tus hijos, a tu trabajo o a tus *hobbies*. Darle al dinero la importancia que se merece es una señal de respeto hacia tu tiempo y hacia tu energía, y hacia ti mismo.

El problema es que muchas veces nos cuesta darle este valor porque lo concebimos como algo negativo, e incluso nos llega a resultar doloroso el sólo hecho de hablar sobre él. Hemos escuchado tantas veces esto de «el dinero no es importante», que lo hemos integrado en nosotros, nos lo hemos creído. Sin embargo, si estás leyendo este libro es porque algo dentro de ti sabe que sí lo es, tal vez porque has experimentado en primera persona las consecuencias de no controlarlo correctamente o te ha tocado vivir el dolor derivado de los problemas económicos, y sabes que necesitas tomar consciencia y asumir las riendas de tu situación de una vez por todas.

Así que para hacer esto posible vamos a continuar esta radiografía financiera haciendo este análisis de tus dos últimos meses de la siguiente forma:

1. Establece las categorías

Ya lo hemos comentado antes, el objetivo de este ejercicio es medir cuánto dinero se te está yendo en cada tipo de gastos. Por ello, lo primero que necesitamos es definir cuáles son nuestras principales partidas de gastos. Más adelante en el libro hablaremos de cómo establecer nuestras propias partidas para que éstas se adapten lo máximo posible a nuestro estilo de vida y nuestras necesidades, pero por el momento y para que resulte más sencillo vamos a utilizar estas cinco categorías: gastos básicos, educación, lujos, gastos hormiga y ahorro e inversión.

Gastos básicos: Se trata de aquellos gastos que generalmente llamamos de supervivencia, los que, al menos en principio, necesitamos seguir manteniendo. En esta categoría se incluyen los gastos derivados de casa o de nuestra familia, como la comida, facturas de luz, agua, internet, colegios, pago de hipoteca o alquiler, además del pago de las deudas y de gastos de caridad. En definitiva, aquí incluimos todos los gastos que necesitamos para mantener nuestro día a día y el de nuestra familia.

Educación: En este caso es el dinero que has empleado para educación. Pero atención, porque gastos como colegios, material o libros escolares no entrarían aquí (irían en gastos básicos). La idea aquí es que agregues todos los gastos derivados de tu formación, el dinero que te has gastado en tu desarrollo, en tu crecimiento personal y profesional. Un ejemplo sería el dinero que pagaste por este libro, aunque también valdría un curso, un *webinar*, una mentoría, etcétera.

Lujos: El dinero que te gastas en cosas que podríamos denominar «accesorias», aquellas que en realidad no necesitas y en cualquier momento podrías dejar de comprar, pero que te hacen sentir bien. No te dejes engañar por el nombre, que haya gastos en esta categoría (cosa que espero que ocurra) es también señal de tener una economía balanceada, ya que una de las cosas importantes que debemos hacer con el dinero también es disfrutar. Por ello, el problema no está en que haya gastos de lujos, sino en que éstos se coman otras partidas de presupuesto. Dentro de este punto incluimos gastos como comidas fuera de casa, ropa nueva, viajes, ocio, etcétera.

Gastos hormiga: Estos sí que suelen resultar mucho más problemáticos. Se trata de gastos pequeños que normalmente pasan desapercibidos, pero dado que se repiten, en muchas ocasiones, cada día, acaban originando un grave perjuicio en nuestra salud financiera. El verdadero problema es que además de restar, no suman, es decir, a diferencia de lo que ocurría con los gastos de lujos, que contribuyen a hacernos disfrutar un poco más de la vida, éstos no suelen aportar mucho. Se trata de gastos como el café que cada día sacas de la máquina, un *snack*, una suscripción a un servicio que prácticamente no utilizas, entre otros.

Ahorro e inversión: El dinero que has destinado para ahorrar o para realizar algún tipo de inversión. Aquí incluimos tanto el dinero que hemos llevado a una cuenta de ahorro, como la compra de acciones, criptomonedas, fondos, en definitiva, cualquier producto financiero en el que hayamos puesto parte de nuestro dinero.

2. *Revisa todos tus gastos y agrúpalos por categorías*

Cuando tenemos claro en qué categorías agruparemos nuestros gastos, ha llegado el momento de determinar la cantidad de dinero que nos hemos gastado en cada categoría. Para ello vamos a comenzar por anotar en cada una de estas partidas todos los gastos realizados durante los últimos dos meses.

Una vez que tengamos todos nuestros gastos clasificados en las distintas categorías es el momento de analizarlos. Para ello, una manera es ver qué porcentaje de tus ingresos se va en cada categoría.[5] Un ejemplo de cómo quedaría este análisis es así:

	GASTOS BÁSICOS		**EDUCACIÓN**		**LUJOS**		**GASTOS HORMIGA**		**AHORRO E INVERSIÓN**
Alquiler 1/ Junio	500,0 €	Libro	15,9 €	Ropa	75,9 €	Cafés Junio	35,0 €	Fondos de inversión	100,0 €
Facturas Junio	157,0 €	Sesión coach	150,0 €	Restaurante "Julia"	85,3 €	Periódico	20,0 €	Cuenta de ahorro	50,0 €
Comida Junio	389,0 €	Webinar	25,0 €	Peluquería	30,0 €	Agua máquina	40,0 €	Fondos de inversión	100,0 €
Colegio Hugo	360,0 €			Ropa	45,0 €	Merienda	5,0 €	Cuenta de ahorro	50,0 €
Donativo	50,0 €			Regalo hermano	30,0 €	Suscripción	20,0 €		
Gasolina	51,0 €			Restaurante	80,0 €	Café Julio	20,0 €		
Farmacia	23,0 €			Cena restaurante Paco	35,0 €	Parquímetro	8,5 €		
Alquiler Julio	500,0 €			Cine	20,0 €	Suscripción	20,0 €		
Facturas Junio	198,0 €			Copas	12,0 €				
Comida Junio	427,4 €								
Colegio Hugo	360,0 €								
Donativos	60,0 €								
Reparaciones en casa	100,0 €								
Gasolina	52,0 €								

TOTAL GASTOS BÁSICOS	3227,4 €	**TOTAL EDUCACIÓN**	190,9 €	**TOTAL LUJOS**	413,1 €	**TOTAL GASTOS HORMIGA**	168,5 €	**TOTAL AHORRO E INVERSIÓN**	300,0 €
% SOBRE INGRESOS	75,1 %	*% SOBRE INGRESOS*	4,4 %	*% SOBRE INGRESOS*	9,6 %	*% SOBRE INGRESOS*	3,9 %	*% SOBRE INGRESOS*	7,0 %

INGRESOS MES 1	2150,0 €	INGRESOS MES 2	2150,0 €	INGRESO TOTAL	4300,0 €

5. El porcentaje sobre nuestros ingresos lo calculamos dividiendo los gastos de cada partida entre los ingresos totales x 100.

Este ejercicio resulta especialmente revelador puesto que muchas veces estamos convencidos de que cosas como nuestra formación o la caridad son partes fundamentales de nuestra vida y, sin embargo, al hacer la prueba nos damos cuenta de que tal vez estamos dedicando mucho más dinero a gastos hormiga, por ejemplo, que a estas partes fundamentales de nuestra vida.

De igual forma que cuando queremos crecer y desarrollarnos en un área determinada, por ejemplo, si queremos aprender a tocar el piano, debemos dedicarle tiempo y energía a esa actividad, tus gastos deben también representar tus prioridades, tu estilo de vida, y necesitamos poner foco en aquellas áreas que queramos potenciar. En lo que concentramos nuestra energía, se expande, y el dinero, como ya sabes, es una forma más de energía, por ello resulta imprescindible analizar qué está ocurriendo y ver qué cosas necesitamos empezar a cambiar.

Momento de acción

En primer lugar, espero que este ejercicio te haya servido para darte cuenta de en qué cosas estás poniendo tu foco, tu energía, y para reflexionar sobre si eso te está llevando a tener el tipo de vida que te gustaría.

Ahora es el momento de comenzar a hacer tu radiografía financiera, creando tu balance y el análisis de los dos últimos meses. Para facilitarte esto, puedes descargar tus plantillas Excel aquí para que te sea mucho más sencillo hacer los cálculos: <https://celiarubio.com/libro>.

PASO 2:

DECIDE DE ANTEMANO QUÉ PASARÁ CON TU DINERO

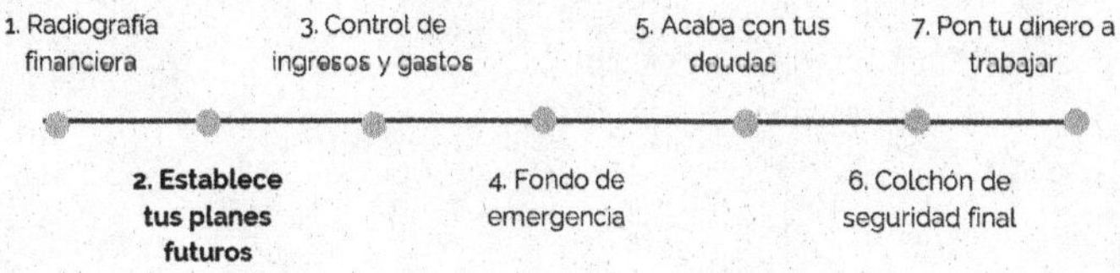

Los economistas Justine Hasting y Jesse Shapiro llevaron a cabo un estudio sobre las tendencias de consumo durante la crisis económica de 2007. Concretamente, ambos economistas decidieron estudiar los cambios en la elección de gasolina normal frente a gasolina prémium en relación con la variabilidad de precios.

Habitualmente, los precios de la gasolina varían en función de su octanaje: lo que solemos conocer como gasolina normal y prémium. Aunque algunos fabricantes de coches recomiendan utilizar las de mayor octanaje, existe mucha controversia sobre si de verdad la gasolina considerada como de alta gama presenta alguna ventaja sobre la normal. Lo cierto es que la gran mayoría de consumidores eligen de forma habitual la gasolina normal.

En 2008, a consecuencia de la crisis económica y la caída en el precio del petróleo, el precio de la gasolina se desplomó en un 50 por ciento. Así que los investigadores estudiaron lo que ocurrió con el consumo de gasolina durante este período.

Si lo analizamos desde un punto de vista lógico, la gasolina normal cumple bien su función y, ahora que cuesta un 50 por ciento menos, ese dinero lo podríamos utilizar para cenar una noche fuera de casa, para mejorar la calidad de los alimentos de nuestra compra del súper o incluso para ayudarnos a pagar alguna deuda o ahorrar.

Pero como humanos, cuando de dinero se trata, no nos movemos precisamente influenciados por la lógica: lo que ocurrió es que en este período la venta de gasolinas prémium fue catorce veces superior a lo habitual.

Así, la lógica de una familia que gastaba de media 25 euros a la semana en gasolina sería la siguiente: «¡Qué barata está ahora la gasolina! Mejor aprovecho y compro la gasolina prémium».

Y así, el mismo depósito de gasolina que te podría haber costado 12,50 euros te acaba costando 20 euros.

Para mí ésta es una de las mejores representaciones de la ley de Parkinson aplicada a las finanzas personales. La ley de Parkinson afirma que «el trabajo se expande hasta llenar el tiempo disponible para completarlo». Es decir, si tienes una semana para acabar un proyecto, tardarás una semana. Si en dos días lo tienes que entregar, lo tendrás listo en esa fecha, aunque tengas que concentrarte como nunca lo has hecho. Y si tuvieras dos meses para hacerlo tardarías... ¿Adivinas cuánto? ¡Exacto: dos meses!

Escribiendo este libro he sido más consciente que nunca de la fuerza de esta ley: te aseguro que si mi editor me hubiese dado dos años para acabar este libro, ése habría sido justo el tiempo necesario para hacerlo, pero afortunadamente fueron algo más estrictos con los plazos.

Cuando esta misma ley la aplicamos a nuestras finanzas podemos afirmar lo siguiente: los gastos siempre se expanden hasta utilizar todo el dinero disponible para ello.

Es por ello que algo básico para controlar mejor nuestras finanzas es tener un presupuesto definido de antemano. Tener un presupuesto, como veremos a continuación, nos ayuda a ponernos límites y evitar que la ley de Parkinson actúe.

Sin embargo, lo más importante siempre será tomar consciencia de cómo este tipo de decisiones irracionales con respecto a tu dinero te pueden acabar afectando en el medio o largo plazo. Por eso, antes de meternos de lleno en cómo crear y seguir tus presupuestos, quiero invitarte a hacer algo, mirar tus decisiones desde otro punto de vista, analizarlas antes de tomarlas, o bien, si ya lo has hecho, reflexionar sobre el porqué. En definitiva, aplicar el sentido común a la toma de decisiones con respecto a tu dinero.

Y ahora sí: ¡Nos ponemos manos a la obra a crear tus presupuestos!

6

Decide qué va a pasar con tu dinero

No es la especie más fuerte la que prospera, ni la más inteligente, sino la que mejor se adapta al cambio.

CHARLES DARWIN

Imagina por un momento que el presidente del Gobierno de España decide comenzar el año sin elaborar los presupuestos generales del Estado. Imagina a mitad de año decidiendo si se destina más dinero a las pensiones o a Sanidad, o si tal vez es un buen momento para crear un nuevo ministerio. No es difícil imaginarse el caos que eso generaría y, sobre todo, darse cuenta de que lo más probable ante eso sería que los hospitales se quedarían sin dinero, o no podrían repararse los desperfectos en carreteras por falta de dinero. Seguro que estarás de acuerdo conmigo en que ese país sería un auténtico caos, funcionaría aún peor que la gestión actual de la mayoría de los países.

Esto mismo que la mayoría de las personas no concebimos cuando se trata de manejar un país o una gran empresa es lo que de forma habitual hacemos con nuestras finanzas, y los resultados no son demasiado distintos. Precisamente por esto, una vez que ya tenemos claridad acerca de qué ocurrió en el pasado con nuestro dinero, ha llegado el momento de que pases a decidir de antemano qué pasará en el futuro con tu dinero, para que nunca más vuelvas a «asustarte» al ver tu cuenta bancaria a final de mes.

Crear (y cumplir con) tus presupuestos te permitirán estar seguro de siempre tener dinero disponible para lo importante, para aquello que tú hayas decidido que es lo verdaderamente importante en tu vida. Muchas veces tenemos la idea contraria, pensamos que establecer presupuestos en nuestras finanzas supondrá un limitante, una pérdida de parte de nuestra libertad, la libertad de gastos.

Sin embargo, la realidad es la opuesta. Estoy segura de que al hacer tu revisión de los últimos meses te has dado cuenta de que existían una gran cantidad de gastos que, además de no necesitarlos, no han aportado nada a tu vida. Y ¿por qué los compramos? Marketing, presión social, costumbre... Existen un sinfín de razones que nos empujan a hacer compras impulsivas de cosas que ni queremos ni necesitamos, por eso lo importante es entender que crear un presupuesto en ningún caso supondrá dejar de hacer aquello que te gusta y te hace disfrutar, sino eliminar lo que no suma, para asegurar que siempre haya hueco y espacio para lo importante.

Las partidas de tu presupuesto

Lo primero que necesitas para crear un presupuesto es definir las diferentes partidas. Éstas son las partes en las que vamos a dividir tu dinero total, dicho de otra forma, son los trozos en los que partiremos los ingresos, por lo que es importante que éstas reflejen todas las áreas necesarias o importantes de tu vida. Es algo similar a lo que en el capítulo anterior hacíamos con las cinco áreas básicas, pero esta vez haciéndolo personalizado para que se adapte mejor a tus necesidades.

Cuando se trata de crear tus partidas, la primera recomendación es utilizar el número mínimo de partidas posible. Recuerda: la clave de esto está en hacerlo sencillo, en simplificar al máximo para que nos resulte práctico en el día a día, de nada sirve crear un sistema supercomplejo y después no poder utilizarlo porque requiere demasiado tiempo. Por ello te recomiendo utilizar un máximo de ocho partidas (aunque si pueden ser menos, mejor que mejor).

¿Cuáles son estas partidas? Como decíamos antes, estas partidas han de adaptarse a ti y a tus necesidades, sin embargo, existen algunas imprescindibles que deberías tener dentro de este presupuesto y las vamos a ver a continuación.

Supervivencia

La primera sería la partida de supervivencia o gastos básicos. Dentro de ésta englobamos todos aquellos gastos considerados imprescindibles, los que pase lo que pase tenemos que seguir manteniendo. Se trata de gastos de casa, comida, luz, agua, pago de deudas, gastos médicos, niños, etcétera.

Es la primera partida que debemos tener en consideración, ya que suele ser la más grande y la que más nos cuesta cambiar en un primer momento. Idealmente esta partida no debería superar el 60 por ciento de tu total de ingresos. Si en este momento el porcentaje necesario para cubrir esta partida es muy superior a este 60 por ciento, necesitarás hacer una revisión de los distintos gastos de esta partida y comenzar a reducirlos de forma progresiva. Que sean necesarios no los hace inamovibles, y muchas veces resulta sencillo implementar pequeños cambios que nos permitan reducir o incluso eliminar algunos de los gastos de esta partida.

El límite de gasto en esta partida es de un 80 por ciento, lo que no significa que si estás en ese punto puedes seguir así de cara a un largo plazo. Siempre tenemos que tender a tener un tope del 60 por ciento, ya que es lo que nos dará las herramientas para crear un presupuesto equilibrado y tener unas finanzas sanas. Estos cambios deben hacerse de forma progresiva: si tu gasto aquí está entre el 60 y el 80 por ciento, hay que estar muy atento y comenzar a pensar qué cosas podrías empezar a cambiar desde ya.

Otro punto importante dentro de esta partida de supervivencia son las deudas; aquí se incluye el pago mínimo de todas tus deudas, desde la hipoteca, el préstamo personal o los electrodomésticos que tienes financiados, hasta la deuda de la tarjeta de crédito. Más adelante, en el sistema, hablaremos de qué métodos podemos utilizar para abordar nuestras deudas y acabar con ellas de la manera más rápida posible, sin embargo, algo imprescindible es que en tu presupuesto tenga cabida el pago mínimo de cada una de tus deudas.

Como comentábamos al comienzo, esta partida resulta especialmente compleja de modificar, ya que pasa por cambiar nuestro estilo de vida, nuestro día a día y el de nuestras familias. Muchas veces asumimos que tenemos que vivir en una casa de unas determinadas características, llevar a nuestros hijos a un colegio privado, pagar extraescolares o tener una segunda residencia que no ponemos en alquiler por miedo a que le pase algo.

Y no hay nada malo en estas cosas, pero no siempre son tan necesarias como creemos, y lo preocupante es que no nos paremos a pensar si de verdad podemos permitirnos todo esto. Poder permitirte un estilo de vida determinado no significa que puedas a final de mes hacer frente a esos pagos, sino cómo lo estás haciendo, si lo estás haciendo a costa de sacrificar otras partidas que son igual de importantes o, dicho de otra forma, asegurarte de que no dejas de ahorrar, de poder ir un día a comer fuera o de hacer ese curso que quieres por mantener todo esto. En tu presupuesto, como en la vida, tiene que existir un equilibrio entre las distintas partes.

Algo que también puedes utilizar a la hora de comenzar a crear tus presupuestos son subpartidas. Esto son distintas divisiones que hacemos dentro de la partida principal, pero sin asignar un porcentaje del presupuesto. Por ejemplo, dentro de gastos de supervivencia podríamos tener gastos de casa (facturas, alquiler, luz, agua, comida), niños y deudas.

Aunque estas divisiones no tengan un presupuesto definido (para que así resulten más sencillas de utilizar), pueden ser muy prácticas a la hora de analizar qué está pasando y poder tomar decisiones al respecto. De nuevo, al igual que cuando hablábamos sobre crear las partidas, se trata de utilizar el número mínimo de subpartidas posible, y sólo si realmente te resultan de utilidad.

Lujos

La siguiente partida que debería estar en tu presupuesto es la de lujos. Tal vez estés preguntándote que si hablamos de reducir y controlar gastos, qué sentido tiene incluir en nuestros presupuestos una partida de cosas que realmente no necesitamos. La razón es que primero, siendo realistas, estos gastos siempre van a estar, va a ser muy difícil que nunca tengas que comer fuera, hacer un regalo o, incluso, hacer una pequeña escapada. Y la segunda razón es que esto nos hace vivir y disfrutar más de la vida, **porque el dinero, además de ser una herramienta con la que conseguir tus metas, es una vía para disfrutar de los pequeños placeres de la vida.**

En este caso existe un porcentaje mínimo de tus ingresos que debería ir destinado a esta partida, ya que se trata de ser flexibles y adaptarnos a las circunstancias, pero como referencia debería estar en torno a un 10 por ciento. Y es que, qué bonito tener un 10 por ciento cada mes para gastar en este tipo de cosas, para gastarlo además sin remordimiento y de forma alegre, como siempre debería ser utilizar nuestro dinero.

Ahorro e inversión

Por último, la tercera de las partidas que necesitamos incluir en el presupuesto es la de ahorro e inversión, y es cien por cien necesaria, no es negociable.

El ahorro es la piedra angular para empezar a mejorar una economía y, aunque como veremos más adelante el ahorro por sí solo no es suficiente, sin él no podrías empezar a hacer cambios en tus finanzas.

Si una persona no es capaz ahora mismo de ahorrar como mínimo un 10 por ciento de sus ingresos —después de impuestos—, tiene un problema grave, y no sólo con respecto a su dinero, sino un problema de autocontrol, de perseverancia y de capacidad de planificación.

Antes hablábamos de las metas económicas, y para alcanzarlas ésta es la primera partida que vas a necesitar. Sólo cuando estás seguro de que cuentas con un dinero con el que pagarte a ti primero, tienes la certeza de ser capaz de recorrer el camino hasta tus objetivos económicos. Así que, una vez que sabemos que esta partida tiene que estar en tu presupuesto, la siguiente pregunta sería ¿qué cantidad deberías ahorrar cada mes?

Como decíamos al comienzo, el mínimo en esta parte de ahorro es un 10 por ciento. Sin esto, mejorar tus finanzas será muy complicado. Sin embargo, este 10 por ciento debería ser el comienzo, no nuestra meta. Con esta partida vamos a aplicar el refrán de «cuanto más azúcar, más dulce», dicho de otra manera: cuanto más, mejor. En cualquier caso, en torno a un 20 por ciento estaríamos ante un porcentaje más que recomendable.

Si ahora ves demasiado lejano el poder destinar esa cantidad de dinero a ahorro e inversión, no te preocupes, más adelante veremos qué podemos hacer para, progresivamente, ir reorganizando nuestros gastos y así liberar cada vez más dinero. Pero recuerda en este momento asignar mínimo un 10 por ciento a esta partida.

Una vez que conocemos cuánto dinero deberíamos estar ahorrando como mínimo cada mes, es momento de ver cómo llevar a cabo este ahorro. De forma habitual, cuando recibimos una cantidad de dinero lo primero que hacemos es pagar facturas, pagar deudas, comprar nuevas cosas... Le pagamos a todo el mundo y cuando llegamos al final del mes nos damos cuenta de que nos hemos olvidado de pagarnos a nosotros mismos, nos damos cuenta de que hemos trabajado todo el mes sólo para hacer más ricas a otras personas, mientras nosotros continuamos en el mismo punto que al principio.

Se trata de nuevo de la carrera de la rata de la que antes hablábamos. Nos acaba ocurriendo lo mismo que al hámster en su rueda, cada vez corremos más, trabajamos más, trabajamos mejor, aumentamos nuestros ingresos, pero cada incremento en los ingresos viene acompañado con un aumento proporcional (si no superior) de nuestros gastos, y así pasan los meses, volviendo siempre a la casilla de salida, y con nuestras metas económicas igual de lejanas.

Acabar con esta situación es más sencillo de lo que podría parecer. Necesitas impedir que este círculo continúe sucediendo, y para esto lo primero es convertirte tú mismo en tu prioridad, empezando por pagarte a ti primero.

Para hacer esto posible, lo primero que necesitas hacer es coger el dinero de tu partida de ahorro e inversión y, nada más recibir tu sueldo o cualquier otro ingreso, lo vas a separar y a llevar a otra cuenta. No es suficiente con que esta partida forme parte de tu presupuesto, tienes que asegurar que se cumple, y para ello la mejor forma es dejarlo fuera de tentaciones. Mientras se encuentre en tu cuenta bancaria, siempre ocurrirá algo que nos hará que acabemos gastándolo: es el efecto «paga extra». La mayoría de los trabajadores reciben dos pagas extras cada año, en junio y en diciembre, por tanto, si el salario mensual habitual de un trabajador fueran 1.500 euros, esos dos meses recibirá unos 3.000 euros.

Si recibes o has recibido en algún momento de tu vida una paga extra, te habrás dado cuenta de que esos meses no pasa nada especial, simplemente seguimos gastando de forma inconsciente hasta acabar con los 3.000 euros, llegando a fin de mes de la misma forma que siempre, es decir, prácticamente a cero. Y es que salvo que nos demos cuenta de esto y hagamos algo para cambiarlo, normalmente preferimos la gratificación inmediata a la aplazada. Es decir, queremos gastar y «disfrutar» del dinero en este momento y no pensamos tanto en el largo plazo.

Es por eso por lo que integrar el hábito del ahorro en tu vida pasa primero por un cambio de mentalidad. Sin duda, ser capaz de ahorrar de forma consistente y mantenida en el tiempo es la piedra angular para mejorar tu situación financiera, pero hacerlo no sólo es cuestión de números, sino de enfoque y claridad mental. Robert Kiyosaki, uno de los padres de la educación financiera, tiene una frase que debería hacernos reflexionar: «Disfruto cuando gano dinero y sufro cuando lo gasto, ésa es mi relación con el dinero». Personalmente creo que, como en todo en la vida, en el punto medio está la clave y no deberíamos sufrir cuando gastamos el dinero (una de las ventajas de tener un presupuesto), pero sí aprender a disfrutar del ahorro y de la inversión.

No importa cuál sea tu situación, **ahorrar es para todo el mundo, para ti también**. Ahorrar por sí sólo no es suficiente, es necesario pero no suficiente, un poco más adelante veremos qué hacer con este ahorro y cómo hacer que crezca de forma cada vez más rápido. Pero necesitamos empezar por hacerle un hueco dentro de nuestros presupuestos y darle la importancia que se merece.

Si crees que ahora mismo no estás en posición de ahorrar y esto no es para ti, déjame hacerte la siguiente pregunta: Si mañana el Gobierno de tu país decide hacer una subida del 10 por ciento de los impuestos, ¿qué pasaría? ¿Acaso acabarías durmiendo en la calle? ¿O sin poder comer una semana al mes? Apuesto a que no, lo más probable es que te acabaras adaptando a la nueva situación y asumiendo la nueva normalidad, siempre ocurre así. Pues en este caso ocurre igual, ésta es una partida tan necesaria como si subieran los impuestos o se disparara la inflación.

Es necesario comprender que el ahorro, lejos de ser un dinero que cae en saco roto, es el dinero que utilizamos para comprar libertad, para tener seguridad, para poder llevar el estilo de vida que nos gustaría, en definitiva, cuando ahorramos estamos comprando paz en muchos aspectos.

Una vez que somos conscientes de esto, toca la parte más complicada, llevarlo a la práctica y para eso vamos a ver algunos consejos que te ayudarán a desarrollar mejor este hábito del ahorro:

El ahorro es primero

Una vez que hayas determinado el porcentaje que destinarás al ahorro e inversión, cada vez que recibas un ingreso deberás separar en el momento este porcentaje. Es importante que nos acostumbremos a hacerlo antes de llevar a cabo ningún gasto, ya que así activaremos el «efecto de la primacía».

Este efecto es en realidad un sesgo cognitivo que nos lleva a darle, de forma inconsciente, más importancia a todo aquello que vemos, escuchamos o hacemos en primer lugar.

En un estudio llevado a cabo por Solomon Asch se comprobó este efecto al enumerar dos listas de palabras que describían a una persona; ambas listas contenían las mismas palabras, pero en orden distinto. Cuando a las personas se les hablaba de alguien que era «envidioso, testarudo, trabajador e inteligente», la mayoría de los participantes sentían una mala impresión de la persona de la que les hablaban. Pero si éstos escuchaban las mismas palabras, pero en un orden diferente en el que los adjetivos positivos se colocaban al principio, es decir, una persona que era «inteligente, trabajadora, testaruda y envidiosa», los oyentes tenían una buena impresión de la persona a la que se estaba describiendo.

Y es que nuestra atención, así como nuestra fuerza de voluntad, son limitadas, por ello poner y hacer en primer lugar lo que consideramos más importante, en este caso el ahorro, es la mejor manera de asegurarnos de que lo llevamos a cabo.

Habitualmente hacemos lo contrario, cobramos o recibimos un ingreso, empezamos a hacer gastos, a pagar facturas, deudas, etc., y dejamos el ahorro para el final, ahorramos lo que continúa quedando en nuestra cuenta a final de mes, y no hace falta que te diga que los resultados de esa estrategia son muy poco alentadores. Sin embargo, se trata de tomar consciencia de que cada vez que recibimos un ingreso, en realidad hemos recibido un tanto por ciento menos, por tanto, si recibes un ingreso de 1.000 euros y tu porcentaje de ahorro e inversión era de un 20 por ciento, el ingreso con el debes contar es 800 euros y no 1.000 euros. Es lo mismo que sucede con los impuestos. Si eres trabajador por cuenta ajena, cada vez que recibes la nómina el Estado se queda con su parte antes de que el dinero llegue a ti, puesto que es la manera más segura de cobrarlo. Así de la misma forma a partir de ahora tu ahorro se convertirá en una especie de «impuesto autoimpuesto».

Hazlo en automático

Una de las mejores formas de asegurarte de que pase lo que pase cumples con el principio de «pagarte a ti primero» es hacerlo de forma automática para evitar que dependa de tu fuerza de voluntad. Lo que conocemos como *preahorrar*.

Para ello, puedo programar una trasferencia periódica a otra cuenta o a una hucha de ahorro. Si tus ingresos son regulares puedes programar la cantidad exacta según tu presupuesto. Si por el contrario varían, puedes programar una cifra aproximada (mejor redondeando a la baja) y después ajustarlo según los ingresos reales. En cualquier caso, siempre va a ser mucho más sencillo que consigas ahorrar 50 euros, por ejemplo, cuando ya has hecho la transferencia de los otros 200 euros, que hacerlo partiendo de cero con 250 euros. Además, en caso de fallo las consecuencias no serán tan graves.

Déjalo fuera de tu alcance

Una vez interiorizado y automatizado el hábito del ahorro, ha llegado la hora de hacer lo más importante, **conservarlo**. Y siendo realistas, esto no es tarea fácil. Todos hemos vivido alguna vez ese momento en el que estás deseando comprar algo o hacer algún viaje y acabas echando mano de esos ahorros que claramente tenían otro fin. Para evitar estas situaciones, necesitamos dejarlo fuera de nuestro alcance.

Como ya hemos comentado, la parte de tu dinero que decidas dedicar a ahorro e inversión de ninguna forma deberá estar en tu cuenta bancaria habitual, sino que deberías abrir una segunda cuenta o algún otro producto como una hucha de ahorro o similar para que ese dinero que cada mes separas no esté a la vista. Esto me gusta verlo como lo que nos pasa si empezamos una dieta, si tenemos una chocolatina en la nevera, nos la acabamos comiendo porque somos humanos, y aunque tengamos metas a largo plazo, a veces el día a día nos lleva por otro camino. Además, ya sabemos que cuando el cansancio aumenta, la fuerza de voluntad disminuye para todo, para no comerte ese trozo de chocolate y para no echar mano de tus ahorros.

Además de separarlo, es fundamental que lo tengas en un lugar lo menos accesible posible, por ello si decides, por ejemplo, llevarlo a una cuenta corriente, asegúrate de no tener tarjetas de crédito o débito de esa cuenta ni utilizarla para domiciliar ningún pago.

Nunca «regatees» con tu ahorro

¿Te imaginas llamar un mes a Hacienda y pedir por favor que te bajen los impuestos? Que tus amigos te han propuesto unas vacaciones y no puedes decir que no. Seguramente no te cueste imaginar cuál sería la respuesta de la persona que te atendería al teléfono, y no sería de extrañar. Al fin y al cabo, es algo que a ninguna persona se le pasaría por la cabeza.

Pero cuando se trata sobre tu ahorro, ahí cambia, y es que solemos ser mucho más permisivos con nosotros mismos de lo que serían los demás (o Hacienda en este caso). Por ello, no nos resultaría tan raro que llegue final de mes, que en nuestra cuenta corriente no quede dinero suficiente para hacer ese mismo viaje y que acabemos echando mano de la cuenta de ahorro. O que directamente nos saltemos ese paso y decidamos al comienzo de mes dejar de ahorrar para tener algo más de dinero disponible para esa cena o esa escapada.

La idea es que siempre tengas dinero disponible para aquello que es verdaderamente importante, y eso lo conseguimos gracias a los presupuestos, pero siempre manteniendo un equilibrio. Por eso es vital tener claro que tu ahorro representa tu libertad futura, tus metas, y eso siempre debería ser una prioridad.

Personaliza tu presupuesto

Como hemos visto, existen ciertas partidas que deberían estar presentes en tu presupuesto, ya que resultan imprescindibles para alcanzar este equilibrio del que hablábamos desde el comienzo. Una vez que tenemos claras estas partidas básicas, es el momento de definir el resto que estarán presentes en tu presupuesto. Seguramente haya algunas otras que te ayudarán a mantener en orden tu economía, pero recuerda que es importante mantener este sistema tan simple como sea posible, evitando crear un sistema demasiado complejo.

Muchas veces nos acaba ocurriendo lo que conocemos como parálisis por análisis: queremos hacer algo tan bien, queremos que sea tan perfecto y no dejar ningún cabo suelto, que acabamos saturándonos y dejándolo a medias. Créeme si te digo que cuando trabajo con alumnos o clientes ése es el principal fallo a la hora de implementar esto. Lo acabamos haciendo de forma que resulta poco práctica y acaba quedándose en papel mojado.

Estas partidas deberían representar tus tipos más fundamentales de gastos, además de estar bien diferenciadas entre sí, que no te quepa lugar a dudas de en qué categoría debería aparecer un gasto cuando vas a clasificarlo. Así que analiza tus gastos, piensa en las categorías o tipologías que más prácticas te resulten y utilízalas, intenta que nunca sean más de siete partidas.

Un ejemplo de cómo aplicar las partidas de presupuesto a tu situación particular es si, por ejemplo, tienes hijos y estás separado de tu pareja. Habitualmente, cuando me encuentro con personas en esta situación, suelen preferir saber exactamente cuánto están gastando en lo relacionado con los niños, probablemente porque se trata de gastos compartidos. Por ello tiene sentido el utilizar una partida del presupuesto que sea «niños».

Si no sabes qué partidas crear, una buena opción es utilizar las cuatro partidas que veíamos en nuestra radiografía financiera: gastos básicos, ahorro e inversión, lujos y educación (podemos eliminar los gastos hormiga, puesto que una vez tomamos consciencia de lo que son y cómo nos afectan los podemos incluir en otras categorías).

Haz que tu presupuesto funcione mejor

Una vez que tengas claras qué partidas van a estar en tu presupuesto, es momento de decidir qué porcentaje de ingresos asignar a cada partida.

Es el punto más difícil, ya que si somos demasiado estrictos corremos el riesgo de no cumplirlo. Por ejemplo, si hasta ahora la mayoría de tus ingresos se iban en cubrir los gastos básicos, pero ahora en tu presupuesto le asignas un 50 por ciento, va a ser imposible que esto se cumpla. No se trata de crear presupuestos ideales, sino de crearlos de forma práctica, y que se puedan cumplir.

Para ello te recomiendo que vuelvas a tu radiografía financiera y revises cuáles están siendo tus porcentajes actuales, para desde ahí empezar a crear los nuevos. No debes poner los mismos, pero sí que te sirvan como base, ya que desde ahí iremos aplicando cambios graduales, porque cada cambio en el presupuesto supondrá un reajuste en nuestra estructura de ingresos y gastos para ajustarnos al nuevo presupuesto disponible.

Además, es importante que a la hora de hacer este ejercicio tengas muy presentes las metas económicas que te habías marcado, ya que tu presupuesto es la herramienta que te permitirá conseguirlas.

Como decíamos antes, con algunas de las partidas es necesario que no se sobrepase un nivel concreto. No obstante, si por ejemplo tu gasto actual en la partida de supervivencia es de un 85 por ciento, es muy complicado que de un día para otro consigas reducir ese gasto al 60 por ciento. Por ello lo mejor será ajustarla a un 80 por ciento, y luego a un 75 por ciento, 70 por ciento, etc., para progresivamente ir haciendo cambios y ajustes que nos permitan alcanzar nuestro objetivo. Éstas son algunas de las consideraciones que deberías tener en cuenta:

PARTIDA	SITUACIÓN IDEAL	SITUACIÓN LÍMITE
Gastos básicos	60 %	Nunca más del 80 %
Ahorro e inversión	20 %	Mínimo un 10 %
Educación	Aprox. 10 %	-
Lujos	Aprox. 10 %	-

Simplificar y hacer las partidas de presupuesto más generales, aunque nos facilita mucho la implementación del sistema en el día a día, también cuenta con algún que otro hándicap.

Y es que somos humanos y en más de una ocasión los resultados no van a ser los que esperábamos. Por ello será necesario sentarnos y analizar qué está ocurriendo, cuál está siendo el problema que no nos permite cumplir con este plan.

El problema aquí es que al ser partidas grandes es complicado identificar dónde está realmente el fallo. Por ejemplo, pongamos que nos damos cuenta de que estamos gastando demasiado en la partida de supervivencia. Pero, claro, dentro de ésta estaban incluidos los gastos de casa, de comida, facturas, pago de deudas, niños, etc., y, claro, ante esa bolsa enorme de gastos aparentemente todos necesarios e insustituibles, ¿cómo hacemos para identificar qué está fallando? ¿Pagamos demasiado en la factura del agua o de la luz, gastamos mucha gasolina o vivimos en una casa demasiado cara? Difícilmente con un golpe de vista vamos a encontrar la respuesta.

Para hacer esto más fácil y práctico podemos utilizar las subpartidas de presupuesto. Se trata de divisiones que hacemos dentro de una partida principal, que no tienen un presupuesto propio (recuerda el principio de la simplicidad) y que nos sirven para tener más información sobre lo que está ocurriendo. Veámoslo con un ejemplo:

Imagina que en tu presupuesto has establecido cuatro partidas de gastos: supervivencia, 60 por ciento; ahorro e inversión, 20 por ciento; lujos, 10 por ciento; y educación, 10 por ciento.

Pero te das cuenta de que en la partida de supervivencia ningún mes consigues ajustarte a esta cantidad y te pones manos a la obra para ver dónde puede estar el problema, pero tal y como vimos antes, aquí te encuentras con un batiburrillo de gastos que te dan poco o nada de información. Por lo que decides crear alguna subpartida, por lo que tu presupuesto queda así:

- Supervivencia
- Casa y facturas (luz, agua, teléfono, internet)
- Comida
- Pago de deudas
- Lujos
- Regalos
- Ahorro e inversión
- Otros

En esta partida no será necesario aplicar ninguna subpartida.

- Educación

De esta manera, cuando llegue el momento de analizar qué está ocurriendo tendremos toda la información necesaria. Sabremos si el problema realmente está en que, siguiendo con el ejemplo de antes, estamos gastando mucho al mes en comida o hemos acumulado demasiadas facturas de servicios que tal vez ni si quiera estamos usando.

Momento de acción

Ahora ya sabes en qué consiste un presupuesto personal y es el momento de crear el tuyo propio y comenzar a aplicarlo. Para ello recuerda algunas de las claves que tener en cuenta:

Crea tus partidas de presupuesto

Para esto seguimos la regla de cuanto menos, mejor. Se trata sólo de incluir las partidas que realmente sean necesarias, pero asegurándote de que las partidas *imprescindibles* están incluidas. Éstas eran: gastos básicos, ahorro e inversión y lujos.

Además, hay una partida con la que debes ser especialmente cauteloso. La partida de ahorro e inversión. Para eso define qué sistema utilizarás para asegurar que cada mes cumples con esta partida. Busca dentro de las opciones que te da tu banco para definir de qué forma puedes automatizarlo y dónde irá a parar. Este punto es especialmente importante que desde ya lo tengas claro y, sobre todo, que lo comiences a aplicar.

Asigna un porcentaje a cada una de las partidas

Una vez tenemos claras las partidas, es momento de definir el porcentaje de tu presupuesto que irá a cada partida.

Para ello podemos tomar como punto de partida los resultados de nuestra radiografía financiera, pero siempre teniendo en mente nuestros objetivos económicos.

Para hacer esto, ten en cuenta los límites y los porcentajes óptimos propuestos: gastos básicos (óptimo un 60 por ciento, máximo un 80 por ciento); ahorro e inversión (óptimo un 20 por ciento); lujos y educación (en torno a un 10 por ciento).

Define, si es necesario, las subpartidas

Por último, determina si necesitas incluir alguna subpartida que te permita analizar algunas de estas partes de tu presupuesto de forma más sencilla.

Recuerda que para que esto te resulte mucho más sencillo puedes entrar en <https://celiarubio.com/libro>, a través de esta URL o bien a través del QR que encontrarás al comienzo del libro.

Cómo hacer un presupuesto

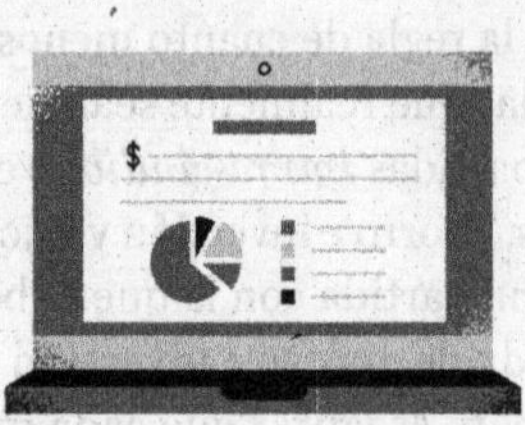

PASO 3:

HAZ TU CONTROL DE INGRESOS Y GASTOS

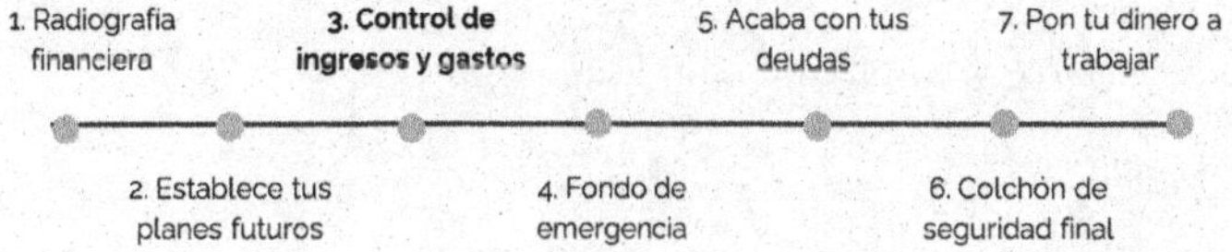

7

¿Lo estoy haciendo bien?

> Lo que realmente cuenta es lo que haces, no lo que tienes intención de hacer.
>
> PABLO PICASSO

Las personas por lo general somos muy buenas planificando y diseñando métodos, pero por desgracia solemos fallar a la hora de llevarlos a la práctica. ¿Algún domingo has planificado de forma exacta la siguiente semana, incluso sorprendiéndote de que te fuera a dar tiempo a hacer tantas cosas, pero al llegar el siguiente domingo te has dado cuenta de que no pudiste hacer ni la mitad de las cosas que aparecían en tu agenda?

Una vez que has decidido qué va a pasar con el dinero que cada mes entra en tu cuenta bancaria, queda la parte más importante: hacer que se cumpla. De nada sirve tener un presupuesto perfecto, tener un plan para alcanzar nuestras metas, si cuando pasamos de lo que pone en un papel al mundo real todo esto no se está cumpliendo.

El papel lo aguanta todo, pero con buenas intenciones y con un plan que en teoría debería funcionar, no es suficiente. No vamos a conseguir nada salvo que lo pongamos en práctica y pasemos a la acción.

El control de ingresos y gastos es lo que va a determinar si tus presupuestos están cumpliéndose o no, y consiste en anotar cada uno de los gastos que hagamos, sin importar cómo de grande o de pequeño sea, dentro de la partida de presupuesto correspondiente.

De esta manera podremos siempre tener actualizados nuestros gastos reales en cada partida y valorar si nos estamos ajustando o no a nuestro presupuesto. Para realizar este control podemos utilizar diferentes herramientas (hoja Excel, aplicaciones, libreta, agendas, etc.), dónde decidas hacerlo es lo de menos, pero lo importante es que te resulte accesible y cómodo, puesto que la clave está en hacerlo de forma diaria.

El principal problema del control de ingresos y gastos está en que la mayoría de las personas empiezan a hacerlo unos días y finalmente queda en el olvido. ¿La razón? No hemos desarrollado el hábito. Siendo sincera, no conozco a nadie a quien le apasione registrar sus gastos en una plantilla Excel y, por supuesto, yo misma no soy la excepción, pero ya que es algo necesario, lo mejor será que, cuanto antes, consigamos incorporar este hábito.

Una de las cosas que más problemas generan son los gastos pequeños. Cuando hacemos grandes gastos, un viaje, una comida fuera de casa, alguna prenda de ropa cara, solemos darle más importancia, pero cuando se trata de gastos cotidianos del día a día de escaso importe solemos pasarlos por alto. Yo lo llamo el «síndrome de los 5 euros», ya que por algún motivo tendemos a restarle importancia a cualquier gasto inferior a 5 euros, como si estos gastos no sumaran, como si estos gastos no restaran dinero a nuestros presupuestos. Por ello, la mejor manera para no olvidarnos de ellos es siempre hacer este registro de forma diaria.

Consejos para hacer tu control de ingresos y gastos de forma eficiente

Cuando se trata de nuestro control de ingresos y gastos, necesitamos hacerlo fácil, sólo así será sostenible a largo plazo, así que vamos a ver algunos consejos para poder llevar a cabo este control de gastos en nuestro día a día de forma mucho más sencilla.

Agrupa gastos pequeños y recurrentes

Existen ciertos gastos que casi a diario vas a realizar, gastos como los de *parkings* o parquímetros. Por ejemplo, si te sueles mover en coche, es fácil que de forma habitual tengas que pagar por estacionarlo. Algo práctico que podemos hacer para cada día no tener cinco tiques distintos de estacionamiento que anotar es calcular cuánto estás gastando mensualmente de forma aproximada en este tipo de gasto y apartarlo al principio de mes. Pongamos, por ejemplo, que cada mes el gasto aproximado en estacionamientos es de 50 euros, pues al comienzo de mes podemos coger esa cantidad y apartarla, dejándola, por ejemplo, en el coche, y añadir a la partida correspondiente el gasto total. Si en algún momento del mes te falta, puedes añadir algo más, o poner algo menos el siguiente mes en el caso contrario.

Recuerda que no es importante saber con exactitud cuánto te gastaste cada día, sino tener la información que realmente necesitas y que te ayudará a tomar decisiones.

Lo mismo si, por ejemplo, tenemos niños y tenemos algún gasto recurrente derivado, o si solemos tomar un café fuera de casa. Para cualquiera de estas cosas puedes, a principio de mes, apartar una cantidad de dinero en una parte determinada de tu cartera o en algún otro lugar donde sepas que sólo lo usarás para ese gasto concreto, y así simplificar este registro. De la misma manera que cuando hablábamos de las subpartidas, no se trata de hacer diez reparticiones y de tener dinero en cualquier bolsillo, sino de seleccionar, si es que lo necesitas, uno o dos tipos de gastos recurrentes y aplicar esa separación.

Separa los gastos de casa

Otra de las cosas que podemos hacer para que este sistema resulte más sencillo es separar los gastos derivados de casa, como compra de alimentos, pago de facturas, etcétera. En este caso se trata de gastos que no resultan tan pequeños, pero que de la misma manera pueden hacernos algo difícil el seguir este control en el día a día, ya que son los gastos más frecuentes.

Además, si convives con otra persona y tienes parte de tu economía compartida, si la otra persona no quiere hacer este proceso de organización de sus finanzas, tener algunos de estos gastos compartidos puede acabar convirtiéndose en una auténtica odisea de cara a mantener tus finanzas en orden. Por ello, lo mejor es separar este tipo de gastos, pasando, por ejemplo, a principio de mes una cantidad determinada de dinero a otra cuenta, y desde ahí pagar todos los gastos del hogar. De esta manera, en nuestro presupuesto sólo tenemos que poner la cantidad total que al principio de mes transferimos a la otra cuenta, por ejemplo, 500 euros, y si en algún momento necesitamos ver mejor qué está pasando con ese tipo de gastos, bastará con analizar la cuenta corriente, ya que sólo la utilizaremos para eso.

Ten toda la información en un mismo lugar

La mejor manera para hacer este control de ingresos y gastos es elaborarlo de forma diaria, pero no siempre nos va a resultar posible abrir nuestra hoja Excel, nuestra aplicación o el lugar donde tengamos nuestro registro de gastos justo en el momento que hagamos una compra.

Por ello, te recomiendo que siempre pidas y guardes el tique de compra o bien, que pagues con tarjeta. De esta manera tendrás el registro de tu gasto para después poder pasarlo. Además, por si en algún momento no tienes a tu alcance ninguna de las opciones, necesitamos un plan B. Un lugar en el que recoger todos esos gastos para que no queden en el olvido. Para ello puedes utilizar una nota de tu teléfono móvil, un grupo creado contigo mismo/a en alguna aplicación de mensajería o simplemente una libreta que te asegures que siempre llevas contigo.

Es importante que no olvides anotar cada uno de los gastos, ya que un olvido puntual no tendrá relevancia, pero olvidos repetidos en el tiempo pueden acabar arruinando tu presupuesto.

Pasa de lo mensual a lo anual

Una vez que tenemos nuestro control de gastos mensual, aparece el siguiente reto: pasar de la visión mensual a la anual. Cuanto mayor es el horizonte temporal que utilizamos para tomar decisiones financieras, mejores son las decisiones que tomamos.

Un claro ejemplo de esto lo encontramos cuando observamos la frecuencia del pago de salarios en las empresas. Cuanto más desarrollada económicamente está una sociedad, las empresas suelen pagar en función de períodos más largos, generalmente con frecuencias mensuales. Pero cuando la situación económica no es tan buena, se utilizan con más frecuencia los pagos quincenales o incluso diarios. De la misma forma, si miramos el caso contrario, los grandes accionistas o dueños de compañías suelen recibir beneficios de forma semestral o anual. Y es que cuanto peor nos va económicamente, tenemos mayor tendencia a vivir al día y a tomar decisiones financieras mirando sólo el corto plazo, lo cual sin duda es un gran error.

Imagínate que ahora mismo ves una formación que te encanta, pero cuando preguntas por el precio son 1.000 euros y tu sueldo mensual son 1.200 euros. Si miramos esta situación desde términos mensuales no tienes manera de hacer frente a ese gasto, ya que para ello tendrías que dejar de pagar la casa, facturas, o incluso de comer. Pero ¿qué ocurre cuando nos abrimos más y pasamos de los términos mensuales a los anuales? Entonces ya no miramos un sueldo mensual de 1.200 euros, sino un salario anual de 14.400 euros, y si además teníamos elaborado un presupuesto en el que, por ejemplo, la partida de educación tenía un 10 por ciento, la situación sería muy diferente, puesto que no sólo podrías permitirte ese curso, sino que aún te quedarían otros 440 euros disponibles para libros, para una mentoría o para hacer otro programa formativo.

Éste es precisamente el sentido final de todo esto: no se trata de dejar de hacer cosas, de simplemente focalizarnos en reducir gastos, sino de decidir conscientemente dónde irá el dinero para **gastar más en lo importante y menos en lo que no suma**. Por eso mirar hacia plazos temporales largos siempre te hará tomar mejores decisiones en lo económico.

Además, este paso de lo mensual a lo anual nos permitirá cumplir mejor con nuestros presupuestos. Por ejemplo, si disfrutas de vacaciones en agosto, es fácil que tu gasto en restaurantes u ocio en este mes no sea el mismo que en marzo, o que el dinero que gastas en Navidad en regalos sea mayor que el del mes de abril. Es por eso por lo que, cuando sólo miramos qué ocurre en el mes a mes, es difícil ajustarnos a un presupuesto.

Este cambio no sólo pasa por mirar tu presupuesto de forma anual, sino por comenzar a pensar también de forma anual, traduciendo cada gasto a términos anuales. Así que te invito a que a partir de ahora comiences a hablar y pensar de esta forma. Si pagas, por ejemplo, 700 euros al mes por tu hipoteca o tu alquiler, ahora serán 8.400 euros; si tu gasto en alimentación es de 200 euros al mes, a partir de ahora serán 2.400 euros cada año. Esto te permitirá empezar a controlar tus finanzas como lo haría una empresa.

Por supuesto, también a la hora de valorar cómo están nuestros gastos con relación al presupuesto tendrás que hacerlo utilizando los datos acumulados de todo el año. Por esto, si te has descargado la plantilla para elaborar el presupuesto y control de gastos, verás que hay una parte donde aparecen los totales anuales, y es que esto será lo que de verdad nos sirva como referencia para ver si lo estamos haciendo bien con nuestro dinero.

Por ejemplo, si estamos en el mes de marzo y has recibido 2.000 euros de ingresos cada mes, lo que supondrían 6.000 euros en el total acumulado del año, y al fijamos en el presupuesto asignado para lujos, éste era de un 10 por ciento, esto supone que tu gasto actual en esta partida debería rondar los 600 euros. Si has gastado 200 o 900 euros no tiene demasiada importancia, pero si por el contrario, al consultar el total te das cuenta de que llevas un gasto de 1.800 euros, entonces sí deberías empezar a llevar más cuidado, puesto que prácticamente habrías agotado el presupuesto total del año en esa partida. Así que, si unos amigos te plantean ir a cenar fuera en ese momento, tal vez deberías decir que no a ese plan.

Sin embargo, si lo medimos en términos mensuales puede ser que tu presupuesto te diga que ese mes no has gastado nada y tienes disponibles 200 euros. Por ello, a partir de ahora, cada vez que vayas a tomar una decisión financiera consulta siempre lo que está ocurriendo en el acumulado del año, y antes de decidir si comprar o no algo, si hacer o no un plan, asegúrate de que hay hueco en tu presupuesto para ello.

Mide y corrige

Como cualquier cosa en la vida, los presupuestos son algo vivo y de la misma manera que tu vida y tus necesidades cambian, tus presupuestos también deben hacerlo. O bien porque tu estilo de vida ha cambiado, porque has cambiado de casa, de trabajo, o has tenido un niño, o bien porque los presupuestos del año anterior no eran del todo acertados, puede que llegue un momento en el que dejen de ser prácticos y sea momento de sentarse a revisarlos.

Muchas veces me encuentro con alumnos que tienen los mismos presupuestos desde que comenzaron con este sistema. ¿Qué ocurre? Que un año tras otro sus presupuestos acaban sin cumplirse, que llega un momento en el que ni siquiera se interesan en ver en qué punto están porque saben que no los podrán seguir.

Y es que es necesario adquirir el hábito de evaluar la salud de tu presupuesto al menos una vez al año, para valorar qué es lo que ha ocurrido durante ese año y analizar cómo quedaron los gastos en relación con lo planeado.

Así, si por ejemplo ves que tu gasto de supervivencia presupuestado era de un 50 por ciento, pero el gasto real ha sido finalmente de un 35 por ciento, podrías valorar bajar esa partida y asignar más a otra de cara al siguiente año. O, por el contrario, si tu presupuesto en lujos era del 10 por ciento, pero has acabado gastando cerca de un 20 por ciento, podrás por supuesto intentar reducir gastos, pero también, si tu presupuesto te lo permite, incrementar hasta, por ejemplo, un 15 por ciento para encontrar un punto de equilibrio.

Es por esto por lo que la primera vez que hacemos el presupuesto nos suele resultar mucho más complejo, ya que no tenemos ninguna unidad de medida previa (salvo la radiografía financiera que utilizamos como punto de partida), pero una vez hecho por primera vez, se tratará sólo de ir cada año haciendo esta revisión y actualizándolo de cara al siguiente.

Éstos son sólo algunos ejemplos que te ayudarán a implementar de forma más sencilla el control de ingresos y gastos, pero recuerda que lo verdaderamente importante en esto es que consigas hacerlo y mantenerlo en el tiempo. Las personas solemos ser muy buenas planificadoras pero malas ejecutoras, así que se trata de encontrar la manera en la que a ti te resulte sencillo, pero sobre todo de hacerlo.

Control de ingresos y gastos

Qué hacer si aun así no llego

> Las cadenas del hábito son generalmente demasiado débiles para que las sintamos, hasta que son demasiado fuertes para que podamos romperlas.
>
> Samuel Johnson

Muchas veces, a pesar de haber conseguido tener unos presupuestos que sobre el papel parecen perfectos, a pesar de tener integrado el hábito de cada día completar nuestro control de gastos, nos damos cuenta de que el ajustarnos a este plan no siempre resulta sencillo.

Lo que ocurre ahí es que acabamos sufriendo el *efecto de la rana hervida*. Si cogemos una rana y la metemos en agua hirviendo, a los pocos segundos dará un salto y saldrá rápidamente del agua. Pero

¿qué ocurre si dejamos a la rana en agua fría y vamos calentando el agua poco a poco? La rana irá incrementando de forma progresiva su «confort térmico», dicho de otra forma, se irá adaptando a la nueva temperatura hasta que ésta sea demasiado alta y ya no le queden fuerzas para saltar, y así acaba muriendo en el agua.

Y esto mismo nos pasa con muchos de nuestros gastos: cuando hacemos grandes gastos nos saltan las alarmas y ponemos atención a lo que está ocurriendo, pero con los gastos pequeños, los llamados gastos hormiga, el problema es que al ir asumiéndolos como normales, no les prestamos la atención que merecen. Sin embargo, son precisamente estos gastos los que acaban haciéndonos no cumplir con lo que teníamos en el plan.

Si tienes tus presupuestos, si has empezado a hacer tu control de ingresos y gastos, pero aun así no llegas, si cada mes al mirar tu cuenta sigues teniendo esta sensación de «no sé en qué se me va el dinero», necesitas encontrar de forma rápida una solución o tus finanzas acabarán igual que la rana del ejemplo, hervida.

Y es que, aunque tener presupuestos y un control de ingresos y gastos es necesario, no es suficiente y tenemos que tomarnos el tiempo necesario para sentarnos a analizar qué está ocurriendo y tomar decisiones.

La mayoría de las veces que el presupuesto no nos alcanza no se debe a falta de ingresos, sino a una mala gestión del dinero, a no realizar un buen control de los gastos. Y no es de extrañar, la presión social nos lleva a utilizar cada incremento de ingresos para realizar un incremento igual o superior en nuestros gastos.

El problema es que muchos de estos gastos no los realizamos porque nos gusten especialmente o nos proporcionen placer, sino por el hábito.

El 45 por ciento de cosas que hacemos en nuestro día a día son consecuencia de nuestros hábitos, y la mayoría de las veces ni siquiera somos conscientes de cómo las hacemos. ¿Alguna vez has cogido el coche por la mañana y al llegar a tu trabajo te has sorprendido de cómo habías llegado hasta ahí?

Los hábitos dirigen nuestra vida, tanto es así que podemos decir que la calidad de nuestro día a día es un reflejo de la calidad de los hábitos que la componen. Tener hábitos nos ayuda a ahorrar energía, a asegurarnos de hacer determinadas actividades, pero no siempre son positivos. Ir al gimnasio cuatro veces a la semana, comer frutas y verduras cada día o fumar medio paquete de cigarrillos, todo ello es el resultado de hábitos, pero no todos nos acercan igual a nuestra meta.

Con nuestro dinero pasa lo mismo. Los hábitos nos pueden ayudar mucho, desde para seguir aprendiendo cómo utilizarlo, hasta para implementar el presupuesto y el control de gastos, ahorrar o invertir. Pero también pueden hacernos gastar mucho dinero de forma automática, sin pensar para qué o por qué lo estamos haciendo.

El origen de estos malos hábitos financieros suele estar en la imitación. La presión social, las costumbres, nos llevan a que sea complicado decir que no a determinados hábitos. Por ejemplo, llega Navidad y tu grupo de amigos decide comprar un número de lotería a medias. Puede que a ti no te apetezca gastarte el dinero en eso, ni quiera jugar a juegos de azar, pero la presión del grupo es demasiado fuerte como para decir que no.

No obstante, tal y como Charles Duhigg explica en su libro *El poder de los hábitos*,[6] los hábitos también pueden implantarse en nuestra vida inducidos por otras personas, de forma totalmente intencionada y generalmente con el objetivo de buscar un beneficio económico.

Eso es lo que ha pasado durante años con el tabaco; probablemente muchas personas empezaron a fumar porque lo veían en su entorno, se trataba de algo socialmente aceptado y considerado como una conducta normal. Pero en esta normalización del tabaco hubo un factor externo con un papel crucial. Las grandes empresas tabaqueras durante años invirtieron enormes cantidades de dinero en hacer del tabaco algo moderno y una seña de distinción social mediante su aparición en series, películas, o con campañas de publicidad con un marketing muy agresivo.

Así que probablemente muchos de los gastos que ahora mismo tienes, y que te están costando tu salud financiera, son consecuencia de hábitos, hábitos que en ningún momento has decidido de forma consciente incorporar a tu vida, y por ello resulta mucho más complicado darnos cuenta de su importancia y eliminarlos.

6. Duhigg, C., *El poder de los hábitos*, Ediciones Urano, Barcelona, 2012.

Un buen ejercicio para identificar este tipo de gastos consiste en coger tu control de ingresos y gastos y marcar en un color diferente todos aquellos gastos que tengas de forma recurrente, por ejemplo, cafés, *snacks*, agua, desayunos, suscripciones, cualquier cosa que se repita de forma periódica. Y después analizar si de verdad resulta necesario continuar con ese gasto y si acaso te está aportando algo. Como siempre, no se trata de eliminarlos todos, sino de seleccionar aquellos que de verdad suman y acabar con el resto.

Si te resulta complicado acabar con estos gastos será recomendable que evites pagarlos con tarjeta. Sabemos que las personas le damos una importancia distinta a un pago cuando lo hacemos en efectivo, frente a cuando lo pagamos con tarjeta. Esto, que en un primer momento puede parecer carente de sentido, en realidad tiene una explicación científica: al utilizar dinero digital perdemos la información visual y táctil que tenemos al utilizar el pago en metálico, haciendo que el pago parezca menos real y, por tanto, nos cueste menos realizarlo. El economista conductual Dan Ariely estudió en profundidad esto y se dio cuenta de que este «dolor por pagar» difiere significativamente en función de cómo se realiza la transacción de compra. El sentimiento de desprendernos de algo es mucho más intenso al utilizar el dinero en metálico, lo que hace que el dolor sea más intenso.

Así que, para conseguir ajustarte mejor a tu presupuesto, tendrás que identificar los puntos débiles que te están haciendo perder dinero y determinar cuáles eliminar y cuáles reducir, por ejemplo, utilizando la técnica de pagar en efectivo.

Por qué si es barato, gastas más y lo usas menos

Black Friday, rebajas, ventas especiales, *mid season sales* y una larga lista. La industria de consumo sabe lo que a nuestro cerebro le atraen las rebajas y lo aprovecha poniendo cada dos meses nuevas ofertas temporales a nuestro alcance.

Aunque creamos que en estas situaciones lo que nos atrae son los precios bajos y la posibilidad de ahorrarnos algún dinero comprando aquello que nos gustaría, en realidad hay otros factores que tienen mucho más peso en la decisión de compra, factores como la presión social, el hábito de ir de compras en estas situaciones... El marketing y la publicidad juegan un papel crucial.

De hecho, lejos de ahorrar con respecto a otros períodos, en épocas de rebajas nuestro gasto medio se eleva entre un 30 y un 40 por ciento. Además, las compras se vuelven mucho más impulsivas por la escasez que generan las ofertas. Dicho de otra forma, cuando llegan las rebajas estamos dispuestos a gastar más y pensamos menos, una peligrosa combinación.

Uno de los problemas que ocasiona esto es que, al comprar con ofertas, nuestro foco de atención se distorsiona, pasando a prestar más atención al descuento que al gasto que vamos a hacer. Por ejemplo, si vemos que una chaqueta que costaba 250 euros ha pasado a costar 100 euros, nuestro cerebro se enfoca en los 150 euros que se está «ahorrando» y le resta importancia a los 100 euros que acaba de gastar.

Se trata del efecto anclaje, que hace que tomemos como referencia el precio previo y valoremos más el supuesto ahorro que el gasto.

Toda esta presión por escasez, el cambio en el foco de atención y las compras menos reflexivas acaban originando que en épocas de rebajas compremos cosas que no necesitamos y que acaban resultando en un incremento de los gastos. Por ejemplo, varios estudios llegan a la conclusión de que los agricultores utilizarán una mayor cantidad de fertilizante cuando los precios caen. Algo que *a priori* no debería tener ningún sentido, ya que al fin y al cabo la cantidad que se necesita para los cultivos no varía según el precio del fertilizante. Si lo llevamos a algo un poco más cercano para la mayoría, las personas gastan más dinero en ropa en época de rebajas que en cualquier otro mes, y no sólo eso, sino que compran cosas que en una situación normal ni siquiera se habrían planteado.

Un mal mes en época de rebajas puede llevarse por delante todo el esfuerzo que has hecho durante el resto del año. Por ello resulta imprescindible ser consciente de qué cosas pueden acabar distorsionando nuestra percepción y, sobre todo, de qué podemos hacer para no acabar cayendo en estos errores.

Consejos para controlar tus gastos

Antes de comprar algo, pregúntate si de verdad lo necesitas, si eso es algo que aportará algo mejor a tu vida.

Nunca hagas una compra importante en el momento, salvo que sea imprescindible. Por lo general, si se trata de un desembolso superior a 100 euros, espera al menos veinticuatro horas, así tendrás tiempo de reflexionar si de verdad quieres gastar tu dinero en eso y evitarás las compras impulsivas.

Cada tres meses siéntate y revisa todas tus facturas y suscripciones. En muchas ocasiones tenemos cambios en la factura del teléfono, o de la luz, por ejemplo, y pasan meses hasta que nos damos cuenta de los nuevos importes, por ello necesitamos tener el hábito de cada cierto tiempo pararnos a revisar si realmente seguimos necesitando ese servicio y si es ésa todavía la tarifa más adecuada para nosotros.

Mejor alquilar que comprar. Especialmente en España tenemos culturalmente la concepción de que alquilar es «tirar el dinero», sin embargo, nada más lejos de la realidad. Cuando alquilamos estamos realizando un gasto, del mismo modo que ocurre cuando compramos comida, pagamos internet o cualquier otro producto o servicio, pero en ningún caso se trata de lanzar dinero a fondo perdido, sino de pagar por algo que necesitas y estás utilizando. Aunque en esto, lo primero será hacer números para valorar qué opción resulta más interesante, asegurándote de incluir todos los costes indirectos como impuestos, reparaciones, etc., y en el caso de que decidas comprar, intenta alquilarlo una temporada para determinar si realmente te gusta. Tanto si se trata de una bicicleta de montaña, una tabla de surf o una casa en la playa, es importante que antes de comprar estés seguro de que es lo que te gusta y de que lo usarás a largo plazo.

Vende todo aquello que no necesites. Todos los objetos, libros, ropa, etc., que tienes por casa pero no utilizas, te están costando tiempo, energía y dinero. Por tanto, haz limpieza en casa de forma periódica y aparta todas aquellas cosas que no necesites, para venderlas o regalarlas. Una buena forma de hacer este ejercicio es apartar todo aquello que no has utilizado en los últimos doce o dieciocho meses.

Si vas a contratar una suscripción, busca siempre la opción más económica. Si estás pensando en contratar una membresía (o ya tienes alguna activa), trata de buscar alternativas a los planes tradicionales, por ejemplo, utilizando cuentas familiares. Muchas de las plataformas utilizadas para escuchar música, ver películas o escuchar audiolibros tienen planes compartidos que son hasta un 70 por ciento más económicos que los planes normales; habla con tus amigos y trata de utilizar estos planes colectivos. Si no conoces a nadie que pueda estar interesado, prueba a utilizar webs que sirven para conectar a potenciales usuarios.

No juegues a la lotería u otros juegos de azar. Nunca. En términos estadísticos, tendrías, por ejemplo, el triple de posibilidades de morir por un coco en la cabeza, que las que tienes de que te toque el gordo del Euromillones. U ocho veces más de probabilidades de morir por caerte de la cama, que las que tienes de ganar ese mismo premio. Además, aun en el hipotético caso de que lo ganaras, lo más probable es que lo acabes perdiendo. Varios estudios demuestran que el 70 por ciento de las personas que ganan un premio de la lotería, a los cinco años lo pierden todo y acaban en una situación incluso peor que la inicial. Por tanto, jugar de forma recurrente a la lotería lo único que hará es aumentar tu lista de gastos hormiga y quitarte el foco acerca de cómo podrías, de verdad, alcanzar tus objetivos económicos.

Planifica antes de comprar en épocas de rebajas. Como decíamos antes, las rebajas pueden acabar volviéndose en nuestra contra y generando una fuente enorme de gastos. Por ello, antes de comprar en estos momentos, haz una lista con aquellas cosas que te gustaría comprar y con el precio aproximado que estarías dispuesto a pagar y, luego, cíñete a ella. Así evitarás dejarte llevar en el momento y acabar comprando cosas que no necesitas. Además, algo que te recomiendo hacer es dejar de mirar el precio anterior, ya que nos produce el efecto anclaje que ocasiona que distorsionemos nuestro foco. Y siempre tendrá mucho más sentido valorar la compra en función de su relación calidad/precio teniendo en cuenta el precio del momento.

Momento de acción

Una vez que ya sabes la importancia de realizar este control de ingresos y gastos, ha llegado el momento de pasar a la acción y comenzar a implementarlo en tu vida.

Determina el sistema que utilizarás para tu control de ingresos y gastos, si usarás la plantilla Excel o bien alguna aplicación u otro sistema más tradicional como una libreta.

Define cada cuándo vas a actualizarlo. Como sabes, la recomendación, especialmente al comienzo, es que lo realices de forma diaria, pero en cualquier caso determina la frecuencia (diaria, semanal o mensual) y reserva un momento en la agenda para hacerlo.

Elige un sitio para anotar esos gastos de los que no tienes tiques o justificantes de tarjeta. Si realizas pequeños gastos (por ejemplo, el café de una máquina) y no tienes ningún justificante deberás tener un sitio para apuntarlos hasta que llegue el momento de pasarlo a tu control de gastos, así evitarás el olvido. Puede ser una libreta física, un grupo de mensajería contigo mismo o una nota del móvil, pero asegúrate de que lo llevas siempre contigo y está accesible en todo momento.

Agrupa gastos pequeños y recurrentes. Uno de los principales problemas son los gastos pequeños que realizas de forma muy frecuente, por ello puedes apartar una cantidad determinada para estos gastos y así hacer su control más sencillo. Además, también te servirá de «cortafuegos» si determinas que no puedes utilizar más de la cantidad inicialmente determinada. Decide cuáles son estos gastos, cuánto dinero necesitarás de forma aproximada para ellos y dónde dejarás esa cantidad.

PASO 4:

TU FONDO DE EMERGENCIA

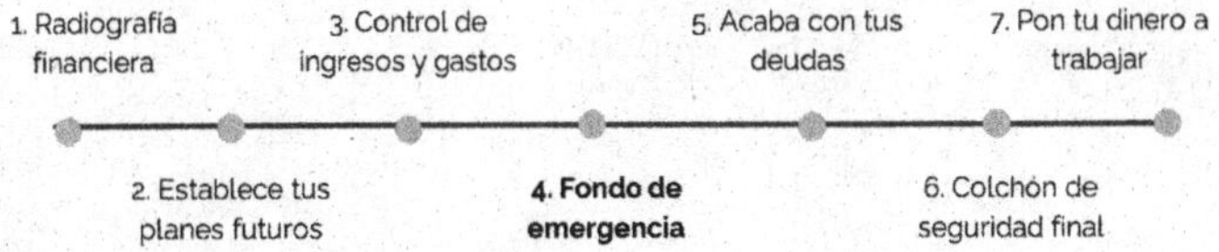

8

Tu salvavidas financiero

> Nuestra ansiedad no proviene de pensar en el futuro, sino de intentar controlarlo.
>
> KHALIL GIBRAN

Parece que todo va bien, estás a punto de disfrutar de unas maravillosas vacaciones de verano, tienes listos los billetes, planificado el viaje, la reserva de hotel, todo parece que va encaminado a disfrutar de unas semanas únicas, pero, de repente, cuando vas de camino al súper a realizar las últimas compras, ocurre: ¡se pincha la rueda del coche! Acudes al taller mecánico y entiendes que el refrán que dice «las desgracias nunca vienen solas» es más cierto que nunca. Tras revisar tu coche el mecánico te dice que es necesario cambiar las cuatro ruedas, puesto que las otras tres también están en muy mal estado y podrían pincharse en cualquier momento. ¿El resultado? Más de 500 euros de factura y unas vacaciones que empiezas a ver cada vez más lejanas.

¿Te suena familiar? Aun si nunca has pinchado una rueda, seguro que alguna vez has roto la pantalla del móvil, has tenido una fuga de agua en casa o simplemente te ha empezado a doler una muela y has tenido que acudir de repente al dentista.

Hay pocas reglas de oro en finanzas, pero existen algunos clásicos que no podemos olvidar, como «no inviertas el dinero que necesites» o «invierte sólo el dinero que puedas permitirte perder». Si hay algo que deberíamos aprender de aquí es: antes de invertir, asegúrate de tener una cantidad de dinero lista para imprevistos.

En la vida suceden cosas, y por muy previsores que seamos, por más que intentemos tenerlo todo muy atado, la vida siempre va a ir un pasito por delante, y es inevitable que este tipo de cosas acaben pasando. Ahora bien, lo que sí que es evitable es que, para superarlas, tengas que cancelar tus vacaciones, pasar apuros económicos o incluso pedir dinero prestado.

La gran mayoría de las personas, ante este tipo de situaciones, reaccionan de la siguiente manera:

Se enfadan. Piensan que todo les pasa a ellos, que el universo está en su contra y que tienen demasiada mala suerte.

Sienten agobio y frustración. No saber cómo hacer frente a este tipo de situaciones genera ansiedad, por tanto, eso se acaba convirtiendo en una fuente de preocupación.

Y, así, acaban recurriendo a la solución «fácil» o la única que está a su alcance en ese momento. Ante la falta de posibilidad de hacer frente a ese gasto de otra manera, lo acaban afrontando por medio de tarjeta de crédito o financiación. Lo que, sin duda, acaba comprometiendo gravemente nuestros planes económicos a corto o medio plazo.

Es por esto que uno de los pilares de este sistema es tener listo un fondo de emergencia para poder afrontar estas situaciones y hacerlo desde una óptica distinta, sin agobios, frustraciones y, sobre todo, sin poner en peligro nuestra salud financiera.

Este fondo es algo así como tu salvavidas financiero, un dinero que necesitas tener listo y accesible ante cualquier contratiempo. Este fondo no resulta negociable, sea cual sea tu situación financiera, necesitas tenerlo.

Incluso si ahora tu economía está mucho más saneada y, por ejemplo, ya has comenzado a invertir cierta cantidad de dinero, necesitas tener listo tu fondo de emergencia. Muchas personas, cuando empiezan a interesarse y a aprender sobre inversiones, se dan cuenta de que es una buena oportunidad y utilizan todos sus ahorros para esto. Sin embargo, imagina por un momento qué ocurriría si tuvieras todo tu dinero invertido y en tu cuenta corriente sólo hubiera el dinero necesario para los gastos del día a día y, de repente, ocurriera algo a nivel global, como lo que ha pasado durante la crisis de la COVID-19, que hace que tu empleo o tu negocio se vean afectados y necesites de forma urgente cierta cantidad de dinero para continuar afrontando tus gastos habituales. Ante la falta de efectivo, seguramente te verías obligado a deshacer parte de tus inversiones para conseguir liquidez, el problema es que en ese momento de crisis global, no sólo tu negocio se habría visto afectado, sino la gran mayoría de empresas, por lo que tus inversiones probablemente estarían al mínimo y deshacerlas supondría perder años de rentabilidad.

Por esto tener un fondo de emergencia no está relacionado con cómo de saneadas estén nuestras finanzas, sino que es algo que todos necesitamos.

¿Para qué sirve el fondo de emergencia?

Como ya explicábamos antes, la función del fondo de emergencia es servirnos como «salvavidas financiero», por tanto, este dinero sólo lo tendremos que utilizar en caso de emergencia, para ayudarnos a hacer frente a situaciones que tengamos que solventar de inmediato.

Por ello, a pesar de tratarse de un dinero que no planeamos utilizar a corto plazo, si de repente vienen unos amigos y te proponen un viaje que te mueres de ganas por hacer, lo siento, pero tu fondo de emergencia no podrá cubrir esto. Tampoco es un dinero que pueda servirnos para comprar algo que nos parece una buena oportunidad ni, por supuesto, un dinero que podamos invertir y poner a trabajar para nosotros.

Y sólo por aclarar: tus deudas, las que ya tenías de antes, tampoco son una emergencia, ya que, aunque como veremos en el paso 5, resulta urgente y necesario acabar con ellas, no es algo nuevo, imprevisible, sino algo con lo que ya contabas, por lo que a pesar de tener que pagarlas, no será con este dinero, sino con tu partida de gastos básicos.

Resumiendo, ¿se te rompe el coche?, ¿la lavadora?, ¿necesitas un tratamiento médico? El fondo de emergencia estará ahí para ayudarte. ¿Tienes que pagar tus deudas, irte de vacaciones o comprar ropa nueva? La planificación financiera te ayudará a que puedas hacer frente a esos gastos, pero no con tu fondo para emergencias.

¿Cuánto dinero tiene que haber en tu fondo de emergencia?

Seguro que cuando hablamos de la cantidad de ahorros que tenemos en la cuenta del banco, te vienen a la cabeza extremos, personas que viven al día, que incluso su final de mes comienza el día 20 (si no antes), y otras personas que cuentan con cuentas corrientes enormes, una gran cantidad de dinero en efectivo, ahorrado y listo para ser utilizado (o no), pero que en el fondo «no sirve para nada»: está ahí parado y no nos ayuda a alcanzar nuestro objetivo.

Ambos extremos pueden resultar igual de perjudiciales para tu salud financiera, ya que, como decía Robert Kiyosaki: «Los ahorradores son perdedores». Por ello, cuando hablamos de nuestro fondo de emergencia, no nos sirve la regla de «cuanto más mejor», sino que la clave está en encontrar ese punto de equilibrio. Nuestro fondo necesita tener una cantidad de dinero que nos sirva para afrontar ciertos contratiempos, pero sin que esto nos suponga un coste de oportunidad demasiado alto.

En España, en 1980 el precio medio de un menú del día en un restaurante era de 300 pesetas (1,80 euros actuales), mientras hoy se sitúa en torno a 10 euros. A esto se le conoce como inflación, el fenómeno que hace que cada año los precios de mercado aumenten o, dicho de otra manera, la inflación es lo que hace que tu dinero valga menos cada año.

Las causas de la inflación son variadas (importaciones, cambios en tendencias de consumo, incremento de la masa monetaria disponible, etc.), pero resulta fácil de comprender cuando entendemos cómo funciona la ley de la oferta y la demanda. Pongamos que este año las condiciones climatológicas en una ciudad son las idóneas para el cultivo, y en consecuencia los agricultores obtienen el cultivo de naranjas más abundante de los últimos diez años. ¿Qué pasará cuando esas naranjas lleguen al mercado? Seguramente ese año, las naranjas estén a un precio más económico de lo normal, ya que de lo contrario los fruteros saben que no las podrán vender y se acabarán estropeando.

Sin embargo, si en esa misma ciudad durante ese año, hubiese habido una fuerte granizada que hubiera acabado con la mitad de los cultivos, al llegar ese año al mercado las naranjas el precio aumentaría. Cuando hay mucha oferta disponible, los precios caen; cuando hay escasez y la oferta es pequeña, los precios aumentan.

Eso es justo lo que pasa con nuestro dinero, cada año la masa monetaria se incrementa (dado que ésta no está respaldada por el oro, se imprime más dinero) y, al haber más dinero disponible en circulación, nuestro dinero vale menos y, por tanto, el dinero que tenemos parado en el banco año tras año se devalúa.

Por ello, es importante que decidamos bien cuánto dinero habrá en nuestro fondo de emergencia, ya que al tratarse de un dinero que va a permanecer parado, cada año valdrá un poco menos. De forma aproximada en este fondo deberías tener el equivalente de 3 a 12 veces tus gastos mensuales medios. Por tanto, si teniendo en cuenta tu día a día, para continuar con tu estilo de vida actual tú necesitas cada mes, por ejemplo, 1.000 euros, tu fondo de emergencia debería estar formado por una cantidad de 3.000 a 12.000 euros.

Sin embargo, para llevar a cabo este sistema vamos a utilizar dos términos distintos, por un lado el *fondo de emergencia*, que es lo que vamos a construir en este momento, y por otro nuestro *colchón de seguridad*, que lo veremos un poco más adelante, en el paso 6. La diferencia entre ambos es la cantidad de dinero que ponemos dentro. El fondo de emergencia pretende ser nuestro salvavidas para cosas muy urgentes y es la cantidad mínima que nos va a seguir permitiendo avanzar en este sistema, cubriendo contratiempos que puedan ocurrir a corto plazo. Es una manera de, dicho coloquialmente, «salir del paso», mientras que el colchón de seguridad nos servirá para cubrirnos las espaldas a largo plazo.

La razón para centrarnos en un primer momento en completar este fondo de emergencia, para ya más adelante crear nuestro colchón de seguridad es que, para la mayoría de las personas, cubrir de forma completa este equivalente a 3-12 meses de gastos supondría un tiempo demasiado largo, y si ahora mismo tienes deudas y estás pagando intereses por ellas, éstas resultan como veremos una prioridad de la que deberíamos ocuparnos en el menor tiempo posible.

Por ello, nuestro fondo de emergencia inicial debería tener el equivalente a 1,5 veces nuestros gastos básicos mensuales. Si por ejemplo, al hacer tu radiografía financiera, viste que tus gastos mensuales medios (descontando ahorro e inversión) eran de 1.000 euros al mes, en este paso del sistema tu objetivo de ahorro para el fondo de emergencia debería ser de 1.500 euros.

Se trata de una cifra aparentemente pequeña, con la que posiblemente ya cuentes, o si no es así, que podrás conseguir de forma rápida. Y de eso trata precisamente este sistema, de ir dando poco a poco pequeños pasos que nos lleven a estar en la situación económica que nos gustaría. Ocurre lo mismo que al hacer dieta, si de repente nos planteamos perder 20 kilos y decidimos empezar a alimentarnos a base de batidos para así bajar de peso a un ritmo de cinco kilos a la semana, seguramente no pase demasiado tiempo hasta que nos demos cuenta de que ese ritmo no es sostenible y de que nos acabará pasando factura a medio y largo plazo.

Sin embargo, si empezamos a hacer cambios en nuestro estilo de vida de forma progresiva, introduciendo rutinas de ejercicios, eliminando el azúcar y adaptándonos a una nueva forma de alimentación, seguramente, aunque el comienzo sea algo más lento, será mucho más sostenible y seguro a largo plazo. Y esto es precisamente lo que haremos con nuestras finanzas, introducir pequeños cambios en nuestro día a día, para a la larga acabar generando grandes cambios.

¿Cómo construir tu fondo de emergencia?

Una vez que tenemos claro qué es el fondo de emergencia, para qué nos puede servir de ayuda y para qué no, así como la cantidad de dinero que deberíamos tener ahí, la siguiente pregunta que necesitamos hacernos es: ¿de dónde sale el dinero para este fondo?

Cuando elaboramos nuestro presupuesto, dejamos una parte para ahorro e inversión que debía ser mínimo del 10 por ciento, de forma que los primeros meses que pongamos en marcha este sistema vamos a dedicar esta porción de nuestro presupuesto a crear este fondo de emergencia. Ahora bien, si ya tienes esa cantidad de dinero ahorrada, directamente puedes pasarla a otra cuenta para crear este fondo y continuar con el paso siguiente.

Muchas personas, a pesar de no tener un fondo para emergencias, sí cuentan con una cantidad determinada de dinero en algún producto de inversión, como un plan de pensiones, PIAS, etcétera. Si éste es tu caso, si no cuentas con ahorros en efectivo, pero sí con dinero en inversiones, salvo que por algún motivo quisieras deshacerlas, la recomendación general sería no hacerlo, mantener estas inversiones y a partir de ahora empezar a trabajar para construir este fondo.

Mes a mes vamos a separar al comienzo la cantidad de dinero destinada a ahorro e inversión y la llevaremos para crear este fondo. Es importante que este dinero lo tengamos en un sitio accesible, y sobre todo que no dependa del mercado financiero. Por eso, a pesar del efecto de la inflación del que antes hablábamos, este dinero lo dejaremos en una cuenta corriente, una hucha de ahorro o, si la encontramos, la que sería la mejor opción, una cuenta corriente remunerada. Estas últimas no esperes que te den una altísima rentabilidad, pero si encuentras alguna que ofrezca cerca del uno por ciento estará mejor que bien (en realidad, por poco que sea, todo lo que suponga más de un cero por ciento —que es lo que la mayoría nos ofrece— y no tenga comisiones estará bien). En cualquier caso, lo que importa siempre es la accesibilidad, que ante cualquier emergencia podamos acceder a él de inmediato. También resulta importante que este dinero se encuentre en un lugar separado, es decir, si utilizas una cuenta bancaria, que sea otra diferente a la que usas para tus gastos habituales, y evita tener tarjetas vinculadas a ésta o utilizarla para cualquier tipo de pago. Recuerda: es vital tener tu fondo listo para cualquier emergencia.

Momento de acción

Ahora que ya sabes todo lo necesario sobre el fondo de emergencia, ha llegado el momento de pasar a la acción y construir el tuyo, para eso:

Calcula cuánto dinero tendrá tu fondo de emergencia. Multiplica tu gasto mensual medio por 1,5. Por ejemplo, si tus gastos mensuales medios son 800 euros, tu fondo de emergencia deberá contener 1.200 euros.

Determina cuánto dinero necesitas para completarlo. Si tienes algo de dinero ahorrado deberás restarlo de la cantidad total de tu fondo. Por ejemplo, si continuando con el ejemplo anterior, ahora mismo tienes 500 euros en el banco, la cantidad que necesitarías conseguir serían 700 euros.

Calcula cuánto tiempo te llevará construir tu fondo de emergencia. Ya sabes qué cantidad de dinero tendrás disponible cada mes para crear tu fondo (tu porcentaje de ahorro e inversión), si eran, por ejemplo, 200 euros cada mes, en tres meses y medio deberías tener listo tu fondo. Recuerda asimismo que, para acelerar este proceso, puedes utilizar los ingresos extras también para esto y así reducir el tiempo necesario.

Define dónde guardarás ese dinero. Este dinero ha de ser accesible en todo momento, por lo que no puede estar invertido, pero tampoco en tu cuenta corriente habitual. Por ello, determina dónde lo guardarás.

Fondo de emergencia

PASO 5:

ACABA CON TU DEUDA

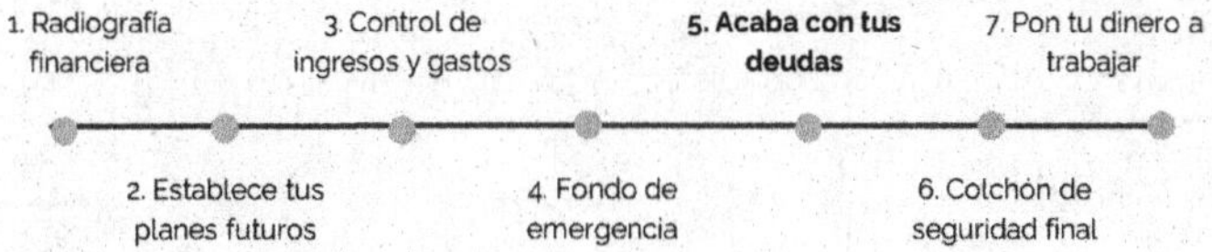

9

¿Por qué la deuda es más importante de lo que pensamos?

> Hay dos maneras de conquistar y esclavizar a una nación: una es con la espada y la otra, con la deuda.
>
> JOHN ADAMS

Según datos de la última encuesta del banco de España sobre las competencias financieras de las familias, el 70 por ciento de los españoles manifestaron no tener suficientes conocimientos como para entender en profundidad sus deudas y su hipoteca, además afirmaban desconocer conceptos básicos como el funcionamiento de los impuestos, las cotizaciones sociales o la inflación.

Sin embargo, a pesar de estos datos, actualmente en España la deuda de las familias se sitúa cerca de los 702.000 millones de euros. Dicho en otras palabras, la gran mayoría de las personas se endeudan, sin ni siquiera entender bien las condiciones, sin saber exactamente cuánto pagarán y por qué. Si eres fan de *Los Simpson* o has visto alguno de los capítulos durante sus más de veinte años de emisión en España, tal vez la escena de Homer Simpson comprando un todoterreno llamado Cañonero te resulte familiar:[7]

> [VENDEDOR DE COCHES] —Ése es el desglose de las letras. Ésta es la letra de entrada como ésta es la letra mensual y... la letra semanal.

7. Matt Groening para Fox Broadcasting Company, «La última tentación de Krusty», *Los Simpson*, temporada 9, episodio 193 (1998).

[Homer Simpson] —Eso es todo, ¿verdad?

[Vendedor] —¡Ah! Y antes de su último pago mensual, tendría que abonar la típica ALC: «abusiva letra de cancelación».

[Homer] —Pero aún falta mucho para eso, ¿verdad?

[Vendedor] —¡Claro!

[Homer] —¡Estupendo entonces!

A priori nos puede parecer que la falta de preocupación de Homer por su futuro y su ingenuidad son cosas de los dibujos animados, pero en realidad son mucho más frecuentes de lo que creemos. Esta ignorancia y aparente indiferencia ante lo que tendrá que pagar en un futuro es lo mismo que nos ocurre cuando contratamos créditos, hipotecas, compramos algo mediante financiación o contraemos otro tipo de deudas sin estar seguros de qué significan cada una de las cláusulas de nuestro contrato.

Por eso, en este apartado no sólo aprenderemos cómo eliminar las deudas que ya tenemos de forma más rápida y eficiente, sino que vamos a ver algunos de los conceptos básicos que necesitas tener claro para, a partir de ahora, poder entender las condiciones de los créditos (tanto los que tienes como si en un futuro decides contratar alguno) de verdad. No te asustes, no hablaremos de cosas técnicas, sino de pequeñas cosas que tenemos que tener en cuenta para asegurar que entiendes bien lo que has firmado o vas a contratar.

Empezando por la más grande, la hipoteca

Cuando se trata de contratar una hipoteca, encontramos un mundo lleno de diferentes opciones y variables, lo que hace que no siempre resulte fácil comparar qué opción se adecua mejor a nosotros. Hipoteca fija, variable, TIN, TAE, gastos de notaría, gastos de gestoría, registro, comisión de apertura, comisión de amortización y una (casi) infinita lista que convierten algo que debería ser sencillo y apto para cualquier consumidor, en una auténtica odisea.

Es por ello que, a continuación, vamos a ver las principales variables que tener en cuenta para contratar una hipoteca (aunque muchas de ellas resultan aplicables para cualquier tipo de préstamo).

TAE versus TIN

Hay dos datos que en ningún anuncio o publicidad sobre hipotecas faltan: el TIN y la TAE.

El TIN es el tipo de interés nominal, es decir, el tipo de interés al que el banco nos presta el dinero, pero, ojo, porque éste no incluye el resto de los gastos derivados de la operación.

Por tanto, no sirve para comparar hipotecas entre sí, y tampoco nos servirá para hacernos una idea aproximada de cuánto estamos pagando con nuestra hipoteca. El TIN siempre es más bajo que la TAE (TAE = TIN + resto de gastos), y es por eso que, muchas veces, lo encontramos bien grande en la publicidad. Sin embargo, podríamos decir que a nosotros, como consumidores finales, no nos sirve de nada. Al fin y al cabo, ¿qué más da que te presten el dinero con TIN bajísimo si vas a acabar pagando el doble con el resto de los gastos? O en el caso contrario, un TIN alto con unos gastos bajos podría ser una buena opción.

La TAE, por su parte, es la tasa anual equivalente, indica el coste total de la hipoteca, incluyendo el tipo de interés nominal (TIN) y también el resto de los gastos y comisiones asociados como comentábamos. Es por ello que, para comparar qué préstamo hipotecario te interesa más, siempre utilizaremos la TAE, ya que ésta representa lo que de verdad acabarás pagando por el dinero prestado.

Por tanto, cuanto menor sea la TAE, más barata será tu hipoteca o préstamo.

Hipotecas fijas versus hipotecas variables

Otra de las dudas frecuentes que aparecen cuando analizamos diferentes opciones para contratar un préstamo hipotecario es el tipo de hipoteca. Por lo general, existen dos tipos de hipotecas:

hipoteca fija o hipoteca variable. A continuación vamos a ver en qué consisten y a analizar las diferencias.

La hipoteca fija se caracteriza por que el tipo de interés que pagamos por el dinero prestado no varía y por tanto la cuota que pagas al banco no cambiará a lo largo del plazo de devolución. Así sabrás con exactitud cuánto vas a tener que pagar en cada momento.

La hipoteca variable, que es el tipo de préstamo hipotecario más conocido y utilizado, se caracteriza por que el tipo de interés que pagamos por el dinero prestado varía. Generalmente esta cuota se calcula teniendo en cuenta el euríbor y un diferencial.

El euríbor es la tasa de interés a la que se prestan el dinero los bancos europeos entre sí.

El diferencial, por su parte, es un índice fijo que determina cada banco y que cuando lo sumamos al euríbor define el tipo de interés que pagarás por tu hipoteca. De nuevo, cuanto más bajo sea el diferencial, mejor.

Sin embargo, hay que tener cuidado con el diferencial a la hora de comparar préstamos, ya que nos ocurre algo similar a lo que pasaba cuando hablábamos del TIN: Podemos encontrarnos con un diferencial muy bajo y, sin embargo, que el resto de los gastos asociados sean muy altos. Por tanto, de nuevo no sirve para comparar hipotecas entre sí, ni tampoco para hacerte una idea de cuánto pagarás por la tuya. De nuevo la mejor medida comparativa que podemos utilizar es la TAE.

En el caso de las hipotecas variables, encontramos lo que se conoce como TAE variable. Dado que es imposible saber cuál va a ser la TAE (puesto que dependerá de la evolución del euríbor), en el momento de la contratación se hace un cálculo teniendo en cuenta las condiciones de ese momento y considerando que éstas no cambian a lo largo de la vida útil del préstamo. Por ello hay que ser cautelosos a la hora de valorar esta TAE variable, especialmente cuando estamos viviendo momentos de tipos de interés muy bajos, ya que si hay una subida brusca de los tipos de interés —y en hipotecas de quince o más años es fácil que nos acabe ocurriendo—, nuestra cuota hipotecaria crecerá de forma considerable.

Últimas consideraciones

Además de la TAE, existen otras variables importantes que no tenemos que pasar por alto al analizar las condiciones de un préstamo. Ejemplo de estas condiciones son los gastos por amortización parcial o total. Es decir, si tu situación económica mejora y quieres aportar más dinero o liquidar el total de tu hipoteca, cuánto te cobrará tu banco. Muchas veces estas comisiones varían de los primeros a los últimos años, porque como veremos más adelante, en el caso de hacer amortizaciones de capital, el banco siempre querrá que las hagas al final (para asegurarse el cobro de todas las comisiones), sin embargo, la opción más interesante es hacer las amortizaciones tan pronto como sea posible. Por ello, cuando analices esta tasa, presta especial atención a cuánto te cobrarían durante los primeros años de devolución.

También hay otros factores que deberíamos tener en cuenta, como si el banco te obliga a contratar otros servicios o seguros adicionales para la hipoteca, ya que se trata de gastos que acabarán incrementando la cantidad de dinero que desembolsar.

En definitiva, como hemos visto, la TAE es la tasa que más información nos brinda a la hora de valorar cuánto pagaremos, y también la más práctica para comparar hipotecas entre sí. Ahora bien, necesitas tener en cuenta que la TAE no incluye los gastos opcionales, como seguros adicionales o los gastos de amortización, por ello es necesario también revisarlos y tenerlos en cuenta antes de contratar un préstamo.

¿Qué hay del resto de préstamos no hipotecarios?

Además de las hipotecas, encontramos muchos otros tipos de deudas como los préstamos personales, la financiación directa de compras en tienda, tarjetas de crédito, etcétera.

Para todos estos tipos de préstamos utilizaremos las mismas variables comparativas que hemos visto en el caso de la hipoteca, la TAE y el TIN. Y de nuevo debemos olvidarnos del TIN y centrarnos en la TAE, puesto que representa lo que de verdad vamos a pagar.

El sistema de amortización francés o por qué después de cinco años pagando cuotas le sigo debiendo lo mismo al banco

Los intereses de los préstamos se pagan junto a nuestra cuota, y aunque ésta se mantenga estable (o más o menos estable en el caso de las variables), la proporción de dinero prestado e intereses que devolvemos al banco sí varían, y mucho. El tipo de sistema de amortización será el que determine cómo se devolverán los intereses.

El sistema de amortización más común en España es el sistema de amortización francés, algo que muchos hemos «sufrido» en algún momento, pero que muy pocas personas conocen qué es y cómo utilizarlo. Para entenderlo mejor vamos a ver una representación gráfica del mismo:

Sistema de amortización francés

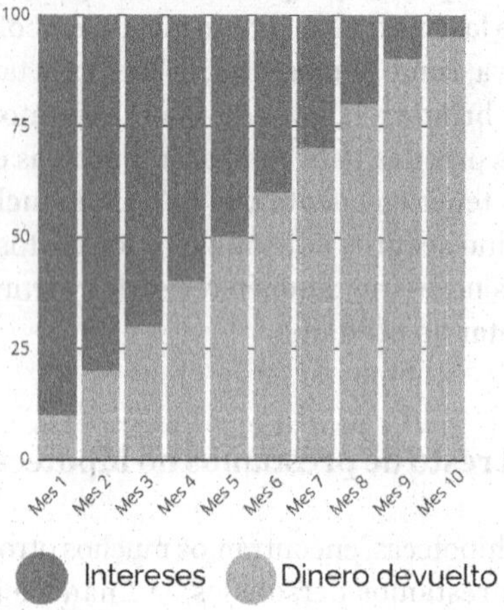

En esta representación podemos ver cómo durante los primeros años la cantidad de dinero que le estamos devolviendo al banco corresponde casi de forma íntegra a intereses, haciendo que la parte del dinero prestado que devolvemos sea muy pequeña. Esto tiene un fuerte impacto, ya que cada año vamos a pagarle al banco el porcentaje de interés acordado sobre el importe que aún tengamos pendiente de devolver. Simplificándolo, sería algo así:

Imaginemos que tenemos un préstamo de 30.000 euros a tres años, con una tasa de interés del 10 por ciento, con una amortización constante.

Año 1: Importe pendiente 30.000 € → Intereses: 30.000 € x 10 % = 3.000 €
Año 2: Importe pendiente 20.000 € → Intereses: 20.000 € x 10 % = 2.000 €
Año 3: Importe pendiente 10.000 € → Intereses: 10.000 € x 10 % = 1.000 €

Sin embargo, cuando tenemos en cuenta que el sistema de amortización francés concentra los intereses en los primeros años —dado que la cantidad de dinero que devuelvo en los primeros años es muy baja—, la cantidad total de intereses que pagaré será mayor. La ventaja que se le suele atribuir a este sistema es que las cuotas se mantienen constantes.

Tener en cuenta cómo funciona nuestro sistema de amortización es especialmente importante cuando, por ejemplo, nos planteamos amortizar parte de nuestra hipoteca. Ya que con este tipo de amortización nos saldrá mucho más a cuenta hacerlo en los primeros años que en los últimos (ya que en éstos habremos pagado prácticamente la totalidad de los intereses). Por esto, como comentábamos antes, muchos bancos incrementan los gastos por amortización durante los primeros años.

Además del sistema francés de amortización, existen otros como el sistema de amortización alemán, mucho menos utilizado, pero que podría resultarnos más interesante.

Éste sería el sistema que utilizábamos en el ejemplo de antes, aquí la cantidad de dinero amortizada siempre es constante, y a esto se le suman los intereses, por tanto las cuotas van decreciendo a medida que pasa el tiempo (tenemos en cuenta que los intereses los estaremos pagando sobre el total de dinero que nos queda por amortizar, por ello a medida que vamos pagando las cuotas bajan, pues los intereses son menores).

En la siguiente tabla podemos ver un ejemplo representativo de cómo, utilizando exactamente las mismas condiciones para el préstamo, el importe varía según utilicemos un sistema u otro.

SISTEMA DE AMORTIZACIÓN FRANCÉS	**SISTEMA DE AMORTIZACIÓN ALEMÁN**
- Importe adeudado: 124.000 € - TAE: 6,77 % - Plazo de devolución: 25 años	- Importe adeudado: 124.000 € - TAE: 6,77 % - Plazo de devolución: 25 años
Cuota fija durante todo el préstamo de 875,62 €	**Cuota decreciente** durante el plazo de devolución del préstamo
Durante las primeras cuotas devolvemos más intereses y menos cantidad del dinero prestado.	La amortización del capital prestado se mantiene fija durante toda la vida del préstamo.
Por ejemplo: Cuota 1: 875,62 € (intereses 722,30 €, capital devuelto 153,32 €). Cuota 2: 875,62 € (intereses 721,41 €, capital devuelto 154,21 €). Cuota 3: 875,62 € (intereses 720,51 €, capital devuelto 155,11 €).	**Por ejemplo:** Cuota 1: 1.135,63 € (intereses 722,30 €, capital devuelto 413,33€). Cuota 2: 1.133,23 € (intereses 719,89 €, capital devuelto 413,33 €). Cuota 3: 1.130,82 € (intereses 717,48 €, capital devuelto 413,33 €).
TOTAL ADEUDADO: 262.684,60 €	**TOTAL ADEUDADO**: 232.706,15 €

Te adelanto que, aunque te pueda parecer más interesante el sistema de amortización alemán, al menos en España es prácticamente imposible poder negociar esto con un banco. Eso sí, conocer cómo funciona el sistema de amortización de tus préstamos (sean o no hipotecarios) te hará tomar mejores decisiones al respecto.

Be careful con los meses sin intereses

Cuando hablamos de deuda, existen varios temas controvertidos, pero sin duda uno de los que más dudas genera es la financiación sin intereses. Y la verdad, tiene cierto sentido. Si bien muchas veces cuando se trata de solicitar un préstamo tenemos claro que si podemos, la mejor opción es pagarlo al contado, cuando lo podemos pagar de forma aplazada sin pagar más ¿no tiene sentido aplazar el pago lo máximo posible? La respuesta es sí y no.

Si lo vemos desde un punto de vista estrictamente financiero, la respuesta sería sí. El hecho de aplazar tus pagos lo máximo posible te hará tener el dinero más tiempo disponible para ti y por tanto, potencialmente tener más oportunidades de hacerlo crecer.

Y aunque esto, en teoría, funciona, y supone una de las máximas para las grandes compañías y multinacionales, no siempre resulta tan interesante como particulares. Lo que acaba ocurriendo en la mayoría de las situaciones es que ese dinero, lejos de utilizarlo para invertir y hacerlo crecer, lo acabamos gastando en comprar otras cosas y así multiplicamos nuestros gastos.

Por ejemplo, queremos comprar un teléfono móvil y, en lugar de gastarnos 1.000 euros y pagarlo de una vez, decidimos pagar 85 euros al mes durante doce meses.

¿Y qué hacemos con ese dinero? ¿Lo invertimos en un fondo que nos genere un 8 por ciento de interés anual? ¿Compramos acciones para cobrar los dividendos así como la plusvalía generada por esas acciones? No, en la mayoría de los casos lo único que ocurre es que ese dinero se acaba quedando en nuestra cuenta y, como no tenemos la percepción de haber hecho un desembolso tan importante, ya que aunque el precio del móvil sea de 1.000 euros, nuestra percepción será de sólo habernos gastado 85 euros, seguiremos gastando como si no hubiéramos incurrido en el gasto de 1.000 euros. Cuando hacemos un desembolso importante, tendemos a ajustar nuestros gastos, somos conscientes de que, como ya nos hemos gastado mucho en una cosa determinada, durante los siguientes meses tendremos que ajustar más el resto de los gastos. Pero al financiar perdemos la percepción de haber hecho un gasto importante y continuamos gastando al mismo ritmo de meses anteriores.

Por ello, al financiar una compra acabamos gastando más. A pesar de ser sin intereses, casi sin tener que rellenar papeles, el comprar algo a plazos nos hace ponernos una venda en los ojos y perder la perspectiva de lo que estamos gastando.

La regla es fácil: cómpralo cuando tengas el dinero y págalo de una vez. Si no tienes el dinero, pero es una emergencia y lo necesitas en este momento (por ejemplo, se rompe tu ordenador y es tu herramienta de trabajo), utiliza tu fondo de emergencia, y durante los siguientes meses repáralo hasta que vuelva a su estado inicial.

Deuda buena versus deuda mala

La deuda es uno de los grandes obstáculos que nos impiden mejorar nuestras finanzas. Para conseguir sanear nuestra situación financiera, una de las claves es tener la deuda bajo control. Sin embargo, no todas las deudas son iguales y, sobre todo, no todas las deudas son igual de malas. De hecho, la deuda bien utilizada puede ser una excelente palanca para ayudarnos a alcanzar nuestros objetivos financieros.

Posiblemente el hecho de utilizar la deuda para generar riqueza te suene tan atractivo como utópico, sin embargo, es más accesible y sencillo de hacer de lo que parece. Se trata de utilizar lo que conocemos como *deuda buena*.

La deuda buena es aquella que se utiliza como un instrumento de apalancamiento con el objetivo de comprar activos, cosas que pondrán dinero en tu bolsillo de forma regular. Por tanto, la deuda buena la utilizamos para crear una inversión.

Si queremos alcanzar de forma más rápida nuestros objetivos financieros, necesitamos aprender a apalancarnos con el dinero de otros, y para ello será necesario utilizar este tipo de deuda. Es algo que las personas más ricas y a las que mejor les va económicamente hacen de forma constante: utilizan la deuda como una herramienta para incrementar su patrimonio.

Uno de los ejemplos más clásicos de cómo utilizar la deuda buena es la compra de una vivienda destinada a alquiler, solicitando para ello un préstamo hipotecario.

Imagina que encuentras una buena oportunidad de compra de una vivienda, el precio de esta vivienda es de 120.000 euros, y tú ahora mismo cuentas con los ahorros de 40.000 euros. Tu idea es comprar esa casa para alquilarla posteriormente y sabes que el precio medio de las viviendas de esas características en ese barrio ronda los 750 euros al mes.

Dado que ahora mismo no cuentas con los 120.000 euros que cuesta la casa, decides utilizar la deuda y apalancarte en el dinero de otros, lo que conocemos como deuda buena. Solicitas una hipoteca por el 80 por ciento del importe total de la casa, de esta manera el banco te presta 96.000 euros (a devolver en quince años), y con el resto del dinero, los 16.000 euros restantes, pagarás los impuestos, tasas y alguna reforma para la casa.

Como resultado de este préstamo, cada mes tendrás que devolver al banco unos 650 euros durante los siguientes quince años. Si nuestro plan sale bien y alquilamos la vivienda por 750 euros al mes, podríamos decir que esta vivienda se va a «pagar sola», ya que con el dinero que recibamos del alquiler cada mes, pagaremos la hipoteca y nos quedará para otros gastos derivados de la casa (comunidad, impuestos, reparaciones, meses en los que la casa esté vacía, etcétera).

En este ejemplo habríamos hecho un desembolso inicial de 40.000 euros, para después utilizar el dinero del banco como apalancamiento para conseguir generar una fuente de ingresos que, si bien los primeros años generará pocos ingresos «extras», no nos costará más dinero, y cuando acabemos de pagar el préstamo hipotecario en quince años, nos proporcionará un ingreso pasivo de 750 euros al mes, nada mal. Ésta es la manera de utilizar la deuda a tu favor, contraer deudas para crear un activo que después pondrá de forma pasiva dinero en tu bolsillo regularmente.

Aunque esta idea de generar ingresos pasivos mediante deuda suene muy atractiva, no quiere decir que nos tengamos que lanzar a ella de cabeza. Un poco más adelante, en el capítulo sobre inversiones hablaremos sobre cómo analizar los riesgos y valorar si sería recomendable utilizarla o no, pero es importante comprender cómo la deuda buena puede funcionar a tu favor.

Si bien la deuda buena, de la que hemos estado hablando, es la deuda cuyo propósito es ayudarnos a invertir y a hacer crecer nuestro patrimonio, no es el tipo de deuda más común, sino que generalmente la mayoría de la gente utiliza la *deuda mala*.

La deuda mala es la deuda al consumo, la que contraemos para comprar algo que de otra manera no podríamos permitirnos, ya sea el teléfono móvil que compramos a plazos, la tarjeta de crédito que no podemos liquidar a final de mes, el préstamo por nuestro coche o la hipoteca de casa.

Cualquier deuda que no te genere ingresos, y que cada mes seas tú quien tiene que pagarla, es lo que consideramos deuda mala. Ésta es la deuda que nos preocupa, a la que todos o la mayoría de las personas en algún momento de nuestras vidas nos vemos obligados a enfrentarnos, y la que veremos cómo eliminar en este sistema.

10

Elimina la deuda de tu vida

Siempre que te descubras en el lado de la mayoría,
es hora de pararse a reflexionar.

MARK TWAIN

A lo largo del desarrollo de este sistema, hemos aprendido a controlar mejor nuestro dinero, hemos averiguado qué estaba pasando en nuestra economía y hemos comenzado a crear nuestro presupuesto para decidir de antemano hacia dónde se irá nuestro dinero en el futuro. Además de esto hemos conseguido crear un fondo de emergencia para ayudarnos a superar cualquier contratiempo, pero como hemos visto, dado el impacto que la deuda tiene a nivel emocional y financiero en nuestra vida, no podíamos no hacernos cargo de ella dentro de estos siete pasos, ya que será un punto crucial a la hora de transformar nuestras finanzas.

Como veíamos antes, cuando se trata de deuda existen dos tipos: deuda buena y deuda mala. En esta parte vamos a abordar cómo podemos acabar con la deuda mala.

Tener deudas supone una carga importante en el plano económico. Nos hace tener un pago recurrente al que hacer frente, complica el poder crear presupuestos equilibrados y, además, el pago de intereses supone un coste añadido. Sin embargo, peor aún es la enorme carga emocional que genera, ocasionando estrés, ansiedad y bloqueos.

Éste es uno de los puntos más retadores e importantes del sistema: terminar con la deuda no es fácil, pero sin duda hacerlo marcará un antes y un después en tu vida. Liberarte del peso de tus deudas te dará la paz y la energía que necesitas para continuar con el resto del sistema.

Cualquier persona, sea cual sea su situación y siempre que haya recorrido el camino que comentábamos hasta ahora, será capaz de completar este paso y acabar con su deuda de una vez por todas, pero esto requiere comenzar a pensar de un modo distinto, requiere disciplina y sobre todo mucho esfuerzo.

Una vez que hayas acabado con la deuda, el otro punto importante es concienciarte de que a partir de este momento ya nunca más vas a volver a contraer deuda mala. Para ello, necesitamos conseguir modificar nuestra preferencia temporal y nunca más sacrificar el futuro por conseguir un beneficio inmediato.

Las personas más brillantes en cualquier ámbito son aquellas capaces de cambiar la gratificación instantánea por la aplazada. Por ejemplo, una persona que elige comer sano hoy y hacer deporte cada día seguramente tenga menos posibilidades de caer enferma en un futuro que otra que lleva una vida sedentaria y come productos ultraprocesados a diario.

Las personas que son capaces de aplicar este cambio también a las finanzas son más capaces de ahorrar, de tomar mejores decisiones en sus inversiones y por supuesto de endeudarse menos hoy. A partir de ahora, antes de contraer una nueva deuda —ya sea para comprar un teléfono, una cámara, un ordenador o cualquier otra cosa—, piensa que comprar eso hoy supone sacrificar tu tiempo, tu energía y tu tranquilidad futura por tener un beneficio hoy.

A continuación vamos a ver un sistema que nos permitirá eliminar nuestras deudas actuales de forma más rápida y efectiva, pero es clave que te comprometas a desde ahora dejar de contraer nuevas deudas malas.

Organiza tu deuda

Para ponernos ya manos a la obra y comenzar este sistema, lo primero que necesitamos hacer es organizar todas nuestras deudas. Para ello, debemos comenzar por tener claro cuáles son las deudas que actualmente tenemos, así como cuánto debemos de cada una de ellas, el plazo y la tasa de interés. Aquí incluiremos sin excepción todas las consideradas como deuda mala: deudas por tarjeta de crédito, el préstamo por tu vehículo, crédito personal, el dinero que le debes a tu amigo, a tu vecino, lo que sea, todo a excepción de tu crédito hipotecario, que sí lo dejaremos —de momento— fuera de este sistema.

TIPO DE DEUDA	IMPORTE ADEUDADO	TASA DE INTERÉS	PAGO MÍNIMO MENSUAL
Préstamo personal	5.000€	15%	150€
Deuda de tarjeta de crédito	800€	35%	45€
Préstamo por vehículo	9.000€	9%	200€
Financiación de teléfono móvil	1.200€	3%	50€

Una vez tengamos en nuestra lista todas las deudas que tenemos activas en este momento, vamos a ordenarlas de menor a mayor importe, sin importar por el momento la tasa de interés. Sólo ordenadas de menor a mayor importe pendiente.

TIPO DE DEUDA	IMPORTE ADEUDADO	TIPO DE INTERÉS (TAE)	PAGO MÍNIMO MENSUAL
Deuda de tarjeta de crédito	800€	35%	45€
Financiación de teléfono móvil	1.200€	3%	50€
Préstamo personal	5.000€	15%	150€
Préstamo por vehículo	9.000€	9%	200€

Esto tiene una excepción, y es que si tienes tasas de interés similares (con diferencias de menos de 20 por ciento), te vas a olvidar del interés y vas a ordenar las deudas según el importe pendiente de menor a mayor, pero vas a poner en primer lugar aquella deuda cuyo interés es demasiado alto con relación al resto —esto suele ocurrir con algunos créditos fáciles, de esos que para pagar son de todo menos fáciles, o con intereses de tarjetas de crédito.

De esta manera, si tenemos, por ejemplo, cuatro deudas —con tasas de interés respectivamente del 12 % TAE; 15 % TAE; 23 % TAE, y 240 % TAE—, independientemente del importe comenzaremos pagando la que tiene una TAE del 240 por ciento.

Una vez que las tengamos organizadas de esta forma, lo primero que debemos hacer para que este sistema funcione es asegurar que se cumple el pago mínimo que cada mes tienes que realizar de cada una de las deudas, ya que de lo contrario estaríamos cada mes haciendo este problema más grande.

El dinero destinado al pago mínimo de cada deuda debe salir de la partida de «gastos básicos» de tu presupuesto, por lo que si no lo estabas haciendo, lo primero que necesitas es hacer una revisión de tu presupuesto para asegurar que cada mes puedes cumplirlo.

Una vez asegurado este pago mínimo, es momento de activar el mecanismo que hará que tu deuda desaparezca mucho antes. Lo que vamos a hacer es destinar ahora tu parte del presupuesto de ahorro e inversión a acabar con tu deuda, pero no de cualquier forma.

La idea dentro de este sistema es hacer aportaciones extras al pago de las deudas para así conseguir eliminarlas lo antes posible. Para ello comenzaremos a trabajar con la primera deuda de tu lista que, salvo excepciones, será la más pequeña, y vamos a dedicar la partida de presupuesto de ahorro e inversión a pagar sólo esta deuda.

60 € EXTRA + PAGO MÍNIMO

• TARJETA DE CRÉDITO →	105 €	45 €
• FINANCIACIÓN MÓVIL →		50 €
• PRÉSTAMO PERSONAL →		150 €
• PAGO DE VEHÍCULO →		200 €

De tal forma que si, por ejemplo, tengo un pago pendiente de tarjeta de crédito de 800 euros, cuyo pago mínimo era de 45 euros al mes, y el dinero que tenía en la partida de ahorro e inversión era de 60 euros al mes, cada mes en lugar de pagar sólo los 45 euros, pagaré 105 euros (60 euros de la partida de ahorro e inversión + 45 euros del pago mínimo de la tarjeta). De esta manera conseguiremos acabar de forma mucho más rápida con esta primera deuda.

Cuando analizamos en un primer momento este sistema, hay algo que nos puede resultar chocante, y es que, si lo miramos desde la óptica estrictamente financiera, lo que más sentido cobraría sería ocuparnos de las deudas según tasas de interés decrecientes, es decir, poner primero las que mayor tasa de interés tienen y progresivamente continuar hasta eliminarlas todas.

Sin embargo, como ya hemos comentado antes, los seres humanos no siempre somos todo lo racionales que deberíamos y si lo hacemos de esta forma corremos el riesgo de desistir antes de tiempo. Este método «bola de nieve» —que popularizó Dave Ramsey en su libro ya citado *La transformación total de su dinero*— cuenta con una gran ventaja en este sentido: nos permite tener «victorias rápidas», ya que las primeras deudas al ser más pequeñas son más rápidas de eliminar.

Siguiendo con el ejemplo, según la cantidad de dinero que estábamos aportando a pagar la deuda más pequeña, en este caso la tarjeta de crédito, habríamos tardado casi 18 meses en devolver el importe total. Sin embargo, gracias a utilizar este sistema lo haremos en 7,5 meses. En sólo siete meses habrías conseguido tu primer hito en este sistema.

Sin embargo, si comenzamos ocupándonos primero de la deuda con mayor tasa de interés y ésta resulta ser de un importe elevado, podríamos vernos en una situación así:

Importe a pagar, 10.000 €; aportación mínima de esta deuda, 100 €; aportación extra, 60 € = 62,5 meses hasta completar el pago de la deuda

62,5 meses son más de cinco años. ¡Cinco años pagando sin ver una victoria! Esto sería como empezar una dieta, pero sin poder perder un kilo hasta dentro de cinco años. ¿Te imaginas siguiéndola? Yo tampoco. Demasiado tiempo, demasiado esfuerzo hasta ver resultado y, por tanto, demasiada probabilidad de abandonar por el camino.

Celebra cada victoria

Seguro que has escuchado que se aprende mucho más de los fracasos que de las victorias. Pues lo siento, no es cierto, por más políticamente correcto que suene, por más que nos pueda ayudar en determinados momentos a sobrepasar algunas situaciones, la realidad es que no ayuda más fracasar que tener éxito en términos de aprendizaje.

El problema está en que, cuando fracasamos en algo, nos paramos, lo pensamos, analizamos qué fue lo que falló y qué podríamos haber hecho diferente, y al final, de tanto darle vueltas, acabamos encontrando la lección que esa situación nos regala. Ahora bien, cuando acertamos, cuando las cosas nos salen bien a la primera, asumimos que es lo que debíamos hacer, y por ello no nos paramos a pensar y a analizar qué es lo que hicimos bien. Tampoco nadie se acerca a preguntarnos qué ocurrió o cómo lo hicimos. Tenemos interiorizado que hacerlo bien es la norma, lo que debería ocurrir siempre. Pero sin reflexión no hay lección ni aprendizaje. Por ello, no es el fracaso lo que te ayuda a pensar más, sino el pararte y reflexionar.

Estoy segura de que a lo largo de este sistema has conseguido cosas que antes ni contemplabas, has aprendido, has organizado mejor tus finanzas, pero desde que comenzaste este sistema ¿cuántas veces te has parado a celebrar cada uno de los hitos conseguidos?

Celebrar supone pararnos a reflexionar sobre ello, decirnos a nosotros mismos que lo hemos hecho bien. Al celebrar algo, aprendemos más de eso y, además, nos mandamos un importante mensaje a nosotros mismos: si lo celebro es porque es bueno. Por ello, quiero conseguir más de eso. Consigue que tu inconsciente ponga tu foco ahí. Y ésa es la verdadera clave: en la vida tendrás más de aquello en lo que pongas tu foco, tu atención y tu energía.

Por eso, cuando comiences este sistema tienes que celebrar cada victoria. Cada deuda saldada debe ser motivo de celebración. Prepara esa comida que tanto te gusta, abre un vino, tómate un día libre, da un paseo por tu sitio preferido, dedícate tiempo a ti, lo que quieras, pero celébralo y mándale ese mensaje a tu mente: «Quiero conseguir más veces esto, quiero acabar con todas las deudas».

Activa el mecanismo y haz que vaya cada vez más rápido

La magia del sistema comienza cuando acabamos con la primera deuda. De forma habitual lo que suele ocurrir una vez saldamos una deuda es que de forma casi automática nuestro nivel de gasto aumenta hasta cubrir esta cantidad de dinero. Si antes sólo salíamos a cenar los viernes, ahora al ver que tenemos más dinero disponible lo haremos viernes y sábado, si antes te ibas de vacaciones a un hotel de tres estrellas, comenzarás a hacerlo a uno de cuatro, etcétera. Comenzarás a implementar pequeños cambios en tu vida a los que pronto te habrás acostumbrado y que habrán generado un incremento de tu nivel de gastos hasta cubrir la nueva cantidad disponible (de nuevo, ley de Parkinson).

Para evitar caer en esto, en este punto utilizaremos un enfoque totalmente distinto y esta vez, el dinero que dedicábamos al pago mínimo de las deudas va a permanecer dentro de este sistema de pago de deudas hasta que acabemos con todas ellas. Es decir, al acabar con la primera, dedicaremos ese dinero del pago mínimo a la siguiente:

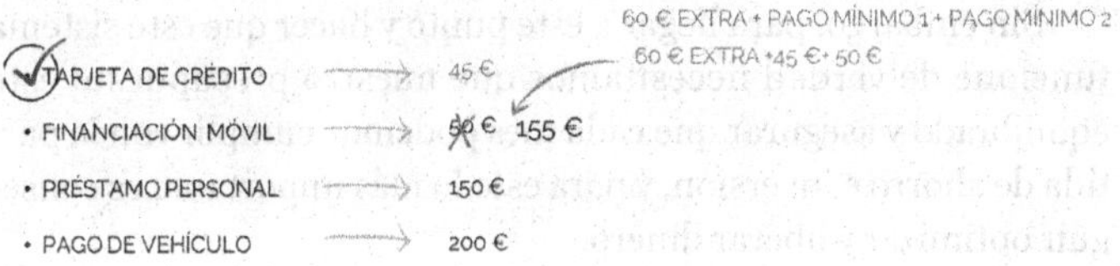

De esta forma, a pesar de cada vez enfrentarnos a deudas más grandes lo hacemos con mayores recursos, puesto que utilizaremos los recursos de las deudas ya saldadas:

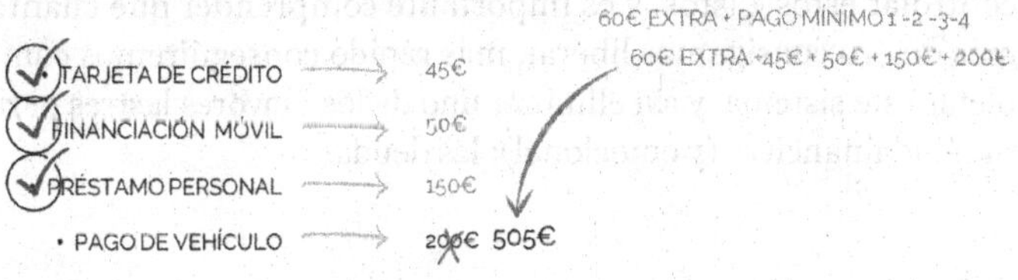

Por esto es importante que nos paremos a celebrar cada victoria. Cada deuda saldada nos ayudará, primero, a tener una mayor paz mental y, segundo, a continuar acelerando cada vez más este sistema.

Es por esto por lo que necesitamos celebrar cada «victoria», es decir, cada deuda saldada, ya que acabar con una deuda supone acelerar este proceso y hacer que esta bola de nieve ruede cada vez más rápido.

Algo clave antes de comenzar a poner en marcha este método es tener claro qué deudas debemos incluir aquí. Tal y como decíamos al comienzo, aquí incluiremos todas las *deudas malas* a excepción de la hipoteca. Dejamos fuera la hipoteca puesto que, generalmente, se trata de una deuda demasiado grande, y si nos centramos en acabar con ella estaríamos demasiado tiempo en este punto y, como iremos viendo más adelante, es importante continuar avanzando en este sistema.

Así que, por el momento, aquí nos ocuparemos de acabar con todas las deudas no hipotecarias. Una vez que consigas acabar con la última deuda de tu lista, habrás acabado con este quinto paso y podrás seguir avanzando en el sistema.

Sin embargo, para llegar a este punto y hacer que este sistema funcione de verdad necesitamos que nuestro presupuesto esté equilibrado y asegurar que cada mes podemos cumplir con la partida de ahorro e inversión, y para esto lo más importante es conseguir optimizar y liberar dinero.

Liberar dinero consiste en pasar el dinero que antes se nos iba en pequeños gastos hacia esta partida de ahorro, se trata, como decíamos antes, de identificar y eliminar los pequeños gastos hormiga que no nos aportan nada y sin embargo suponen un gran lastre. Ya hablábamos antes de muchas claves que nos ayudan a controlar estos gastos, y es importante comprender que cuanto más dinero consigamos liberar, más rápido conseguiremos completar este sistema, y así eliminar uno de los mayores lastres para tu salud financiera (y emocional): las deudas.

Momento de acción

En este punto ya cuentas con las herramientas necesarias para entender y poder tomar mejores decisiones sobre tus deudas. Conoces la diferencia entre deuda buena y deuda mala, y eres más consciente de cómo las deudas pueden acabar afectando negativamente a tu salud financiera y emocional, y de lo necesario que es acabar con ellas cuanto antes.

Pero, sobre todo, conoces el método que te permitirá eliminarlas de forma más rápida y eficiente. Éstos son los pasos que necesitas seguir:

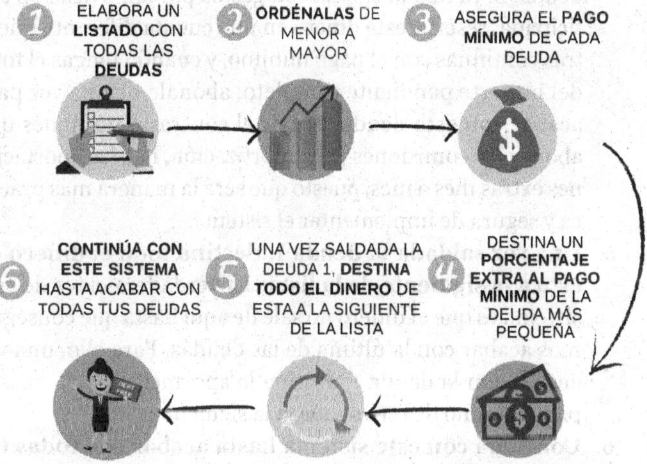

1. **Elabora un listado con todas las deudas:** Para ello recuerda que dentro de este sistema sólo incluimos lo que conocemos como deuda mala (son aquellas que hemos adquirido para hacer un gasto, y no una inversión, y que por tanto no nos generan ninguna rentabilidad). Asegúrate de incluir aquí todas las deudas que tengas actualmente —a excepción de la hipoteca.
2. **Ordénalas de menor a mayor**: Ordena todas tus deudas según el importe pendiente por saldar, desde la más pequeña hasta la más grande.

3. **Asegura el pago mínimo de cada deuda**: Si hay algo clave para que este sistema funcione, es que cada mes hagas frente al pago mínimo de cada una de las deudas, ya que de lo contrario, estarías haciendo cada vez más grande el problema. Para ello, revisa si es necesario tu presupuesto y haz un ajuste en alguno de los gastos como comentábamos en capítulos anteriores, pero este dinero debe tener cabida en la partida de gastos básicos.
4. **Destina un porcentaje extra al pago mínimo de la deuda más pequeña**: Aquí es donde comenzamos de verdad a poner en marcha este método, cada mes destina tu partida de ahorro e inversión a hacer aportaciones extras al pago de la deuda. Si tu deuda cuenta con gastos por amortización anticipada, reserva este dinero en una cuenta diferente mientras continúas con el pago mínimo, y cuando tengas el total del importe pendiente completo, abónalo de una vez para acabar con esta deuda. Si por el contrario no tienes que abonar las comisiones por amortización, haz las aportaciones extras mes a mes, puesto que será la manera más práctica y segura de implementar el sistema.
5. **Una vez saldada la deuda 1, destina todo el dinero de esta a la siguiente de la lista**: La verdadera clave de este sistema es que el dinero no sale de aquí hasta que conseguimos acabar con la última de las deudas. Para ello, una vez acabes con la deuda 1, destina la aportación extra, más el pago mínimo de esta deuda, a la siguiente.
6. **Continúa con este sistema hasta acabar con todas tus deudas** y, sobre todo, no te olvides de celebrar cada victoria que consigues por el camino.

Si te gustaría ampliar tus conocimientos sobre cómo acabar con tu deuda, aquí tienes un vídeo que te ayudará:

Elimina tu deuda

PASO 6:

TU COLCHÓN DE SEGURIDAD

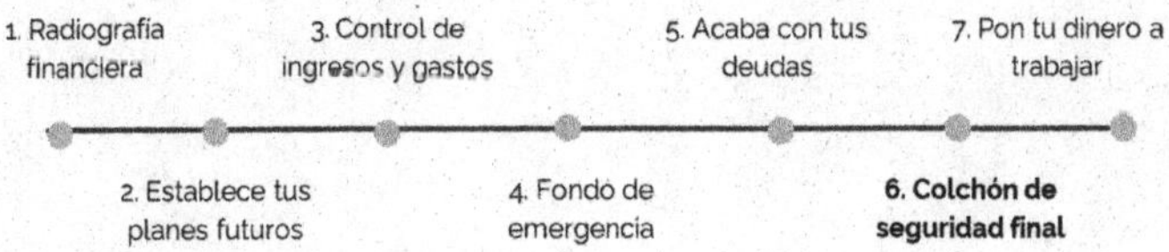

11

Protégete ante cualquier contratiempo

> Si haces lo que nadie durante algún tiempo, algún día vivirás como nadie lo hace durante mucho tiempo.
>
> ANÓNIMO

Los seres humanos tenemos tendencia a ser optimistas por naturaleza. El hecho de ver siempre —o casi siempre— el vaso medio lleno es un mecanismo de supervivencia. De forma general, tendemos a pensar que las cosas van a salir mejor de lo que salen, que hacemos las cosas mejor que el resto o que sabemos más que la mayoría.

Un ejemplo de esto lo encontramos en el estudio realizado en Suecia en el que a los participantes se les encuestaba acerca de sus habilidades como conductores. Los resultados fueron cuanto menos sorprendentes, ya que el 90 por ciento de los encuestados valoraban sus aptitudes al volante superiores a la media de conductores, algo que aplicando la lógica carece de sentido.

Éste es el mismo exceso de optimismo que, aplicado a otros ámbitos de tu vida, te hace que empieces la dieta para el verano en mayo, y no en enero porque consideras que vas a ser capaz de perder peso y llegar en forma al verano en un par de meses, que te hace que en una piscina a las 12.00 horas no utilices protección solar porque piensas que tus probabilidades de quemarte son muy bajas.

Cuando este sesgo innato de la naturaleza humana lo aplicamos a nuestras finanzas, es lo que los economistas conductuales conocen como el sesgo del optimismo.

Los sesgos cognitivos son impulsos naturales que nos llevan a inclinarnos por una decisión determinada casi sin darnos cuenta. En el caso del sesgo del optimismo, de no controlarlo, puede llevarnos a tomar pésimas decisiones con respecto a nuestro dinero. Ya que aunque se trata del mismo sesgo que te empuja a ser un poco más feliz, este exceso de confianza puede acabar distorsionando tu imagen de la realidad y haciéndote tomar el camino equivocado.

Por ejemplo, muchas veces es el responsable de nuestra incapacidad de ahorrar, ya que al fin y al cabo, si en el fondo estamos convencidos de que nunca lo vamos a necesitar, qué sentido tiene continuar ahorrando mes a mes. En el fondo todos pensamos que esas situaciones para las que necesitaríamos nuestro colchón de seguridad nunca nos ocurrirán a nosotros, pero sin embargo la experiencia nos dice que acabarán pasando.

¿Qué es el colchón de seguridad?

Por eso en este punto es importante no dejarte guiar por tus instintos, y aunque sientas que con el fondo de emergencia que construimos antes ya es suficiente para protegerte ante cualquier tipo de contratiempo, debes tener siempre claro que necesitas dar un paso más y transformar este fondo de emergencia en un colchón de seguridad.

El fondo de emergencia es lo que nos permite estar cubiertos a corto plazo y salir del paso ante cualquier problema inminente. Sin embargo, el colchón de seguridad va a ser lo que de aquí en adelante mantengas el resto de tu vida: se trata del dinero que de verdad te cubrirá las espaldas.

> Aconteció, pasados dos años, que el faraón tuvo un sueño. Le parecía que estaba junto al río, y que del río subían siete vacas hermosas a la vista, muy gordas, y que pacían en el prado. Tras ellas subían del río otras siete vacas de feo aspecto y enjutas de carne, que se pararon cerca de las vacas hermosas a la orilla del río; y las vacas de feo as-

pecto y enjutas de carne devoraban a las siete vacas hermosas y muy gordas.

El faraón se despertó, pero se durmió de nuevo y soñó la segunda vez: siete espigas llenas y hermosas crecían de una sola caña, y después de ellas salían otras siete espigas menudas y quemadas por el viento del este; y las siete espigas menudas devoraban a las siete espigas gruesas y llenas.

El faraón se despertó y vio que era un sueño.

Entonces el faraón hizo llamar a quien pudiese interpretar sus sueños, mas no había quien los pudiese interpretar [...].

Entonces el faraón envió a buscar a José. Y lo sacaron apresuradamente de la cárcel, y se afeitó, y mudó sus vestidos, y lo trajeron a su presencia [...].

Tras escuchar cuidadosamente el sueño del faraón, José dijo:

—Las siete vacas hermosas son siete años, y las espigas hermosas son siete años: el sueño es uno y el mismo. Lo que Dios va a hacer lo ha mostrado al faraón.

»Vienen siete años de gran abundancia en toda la tierra de Egipto. Tras ellos seguirán siete años de hambre: toda la abundancia será olvidada en la tierra de Egipto y el hambre consumirá la tierra. Y aquella abundancia no se echará de ver, a causa del hambre que la seguirá, la cual será gravísima.

»Por tanto, es necesario que el faraón se provea de un hombre prudente y sabio, y que lo ponga sobre la tierra de Egipto. Haga esto el faraón: ponga gobernadores sobre el país que recojan la quinta parte de las cosechas de Egipto en los siete años de la abundancia. Junten toda la provisión de estos buenos años que vienen, recojan el trigo bajo la mano del faraón para mantenimiento de las ciudades y guárdenlo.

»Y esté aquella provisión en depósito para el país, para los siete años de hambre que habrá en la tierra de Egipto, y el país no perecerá de hambre.[8]

El sueño del faraón es una de las parábolas que encontramos dentro de la Biblia y tiene un potente mensaje que enseñarnos. Para la mayoría de las personas nos será imposible predecir qué

8. A partir del relato de la Biblia, Génesis 41, 1-36.

ocurrirá en un futuro, si efectivamente llegarán épocas de *vacas flacas*, pero algo es seguro: por muy buena que parezca la situación ahora, acabarán llegando, algo acabará aconteciendo, y necesitamos estar preparados. Por eso, mientras las cosas vayan bien (o como siempre), es necesario comenzar a prepararnos, en esta parábola se habla de guardar 1/5 parte del trigo, es decir, un 20 por ciento de las riquezas generadas, y no es casualidad. Cuando veíamos los presupuestos decíamos que la porción mínima de la partida de ahorro e inversión era de un 10 por ciento, pero que necesitábamos comenzar a trabajar para incrementarla progresivamente hasta el 20 por ciento. Y es que esta cantidad mantenida en el tiempo nos asegurará paz financiera en el futuro.

Y esto es precisamente lo que vamos a hacer aquí, en este punto 6 del método vamos a crear nuestra previsión por si los tiempos de escasez llegaran: un colchón de seguridad que nos brinde protección a largo plazo.

Como ya adelantábamos al crear el fondo de emergencia, la cantidad mínima de este colchón debería ser de seis a doce veces tus gastos mensuales medios.

Elegir una cantidad u otra va a depender de nuestra situación actual y del nivel de riesgo con el que nos sintamos cómodos. Por ejemplo, si eres funcionario y tienes «asegurado» el cobro de un sueldo cada mes, o si tienes un negocio muy consolidado, podrás inclinarte más hacia los seis meses, sin embargo, si eres *freelance* o tienes un trabajo temporal, la inestabilidad podría ser mayor y deberías tender más hacía los doce.

¿Cómo construir tu colchón?

Para construir este colchón de seguridad vamos a partir de nuestro fondo de emergencia, éste nos servirá como base para continuar completándolo hasta convertirlo en este colchón.

Para ello, lo primero que necesitamos es saber cuánto dinero debería haber aquí dentro, y esto pasa por decidir el número de meses que cubrirá. Como ya sabes esta cifra debería estar entre seis y doce meses cubiertos de tus gastos habituales.

Una vez tengamos clara la cantidad de meses que compondrán nuestro colchón, repetiremos el mismo cálculo que hicimos con el fondo: se trata de multiplicar tus gastos mensuales medios por la cantidad de meses que hayas elegido y, ahora sí, restar tu fondo de emergencia actual.

Por ejemplo, si tus gastos mensuales medios son 800 euros, tu fondo de emergencia actual tendría unos 1.200 euros (800 € x 1,5 meses). Por tanto, si elegimos tener seis meses en nuestro colchón, la cantidad de dinero que necesitaríamos sería:

800 € x 6 meses = 4.800 € – 1.200 € del fondo de emergencia = 3.600 €

Una vez que conocemos la cantidad de dinero que necesitamos para completarlo, tocará de nuevo cada mes ir haciendo una aportación para crear este fondo. Dado que ya hemos terminado con la deuda, ahora podremos dedicar la partida de ahorro e inversión a acabar de completar este colchón.

De la misma manera que ocurría con nuestro fondo de emergencia, el colchón de seguridad debe ser un dinero que esté siempre disponible y sea fácilmente accesible, por ello tendremos que tenerlo en una cuenta corriente, en físico (aunque no sería la mejor opción) o bien en una hucha de ahorro u otro producto similar. En cualquier caso, debemos elegir un lugar sin riesgos, donde tu dinero no dependa de cambios en el mercado financiero y con accesibilidad inmediata.

Si el lugar donde guardabas tu fondo cumplía estas características, puedes utilizar el mismo, siempre recordando que éste debe ser distinto a la cuenta que utilizas para tus gastos habituales.

¿Qué pasa si tienes que usar tu colchón de seguridad?

Ojalá tengas que utilizar muy poco tu colchón, será señal de que ningún imprevisto llega a tu vida. Sin embargo, si llega el momento y ocurre algo que requiere ser solventado de inmediato, el colchón de seguridad estará para ayudarte. Pero es importante tener en cuenta que una vez lo utilices es imprescindible que repongas cuanto antes el dinero retirado.

Si, por ejemplo, ya estabas en el último punto del sistema, en la inversión, pero te has visto obligado a coger parte de tu dinero del colchón de seguridad para arreglar un pinchazo en la rueda del coche, durante los siguientes meses pararías tu plan de inversiones para volver a aportar ese dinero y hacer que este colchón vuelva a su estado inicial.

¿Cada cuándo revisamos nuestro colchón de seguridad?

Además de revisar el colchón cada vez que lo utilicemos con el fin de completarlo de nuevo, de forma periódica necesitaremos hacer una revisión general de este colchón para comprobar si efectivamente nos continúa resultando suficiente para cubrir los gastos de número de meses elegidos.

Nuestros gastos van cambiando de forma periódica, también el precio de las cosas que consumimos varía. Hablamos en capítulos anteriores sobre la inflación, el fenómeno que hace que los precios de bienes y servicios se incrementen de forma continua, o lo que es lo mismo, que hace que el dinero que tienes en tu banco valga un poco menos cada año. Esto hace que si hoy creamos este colchón de seguridad y lo mantenemos durante veinte años sin actualizar, seguramente el mismo dinero que ahora te da para cubrir seis meses de gastos, en veinte años no lo hará ni para dos semanas.

Para evitar esto, de forma periódica vamos a revisar nuestros gastos medios y la cantidad de dinero de nuestro colchón para ver si continúa siendo suficiente.

El momento ideal para hacer esta revisión es a final de año. Dado que para crear los presupuestos del año siguiente necesitamos hacer una revisión de lo que ha pasado durante este año, también analizaremos los gastos mensuales medios del año. Una vez conozcamos de forma actualizada cuál está siendo nuestro nivel actual de gastos, podremos volver a calcular la cantidad de dinero de este colchón (multiplicándola por seis o doce) y ver si es necesario hacer alguna actualización.

Por ejemplo, si mis gastos mensuales medios eran de 800 euros y he decidido que mi colchón sea de seis meses, debería tener 4.800 euros aquí. Ahora bien, si tras hacer esta revisión me doy cuenta de que ahora mismo mis gastos han ascendido a 850 euros al mes, la cantidad que pasaría a necesitar es 5.100 euros, por lo que durante los primeros meses del año, dedicaré la partida de ahorro e inversión a completar este fondo.

Como hemos visto, lo mejor es ahorrar y no invertir cuando todavía no tenemos listo el colchón para emergencias. Y, por el contrario, una vez que tenemos nuestro colchón de seguridad listo, salvo situaciones en que tengamos que utilizarlo o actualizarlo, lo mejor será invertir y pausar este ahorro.

Momento de acción

Ahora que ya conoces más sobre cómo funciona el colchón de seguridad y la importancia de contar con él, es el momento de comenzar a transformar tu fondo de emergencia en este nuevo colchón de seguridad, para ello:

1. **Determina la cantidad de meses que vas a cubrir con tu colchón de seguridad.** Seis o doce meses. Recuerda: esto dependerá del nivel de riesgo que estés dispuesto a asumir, y de tu situación actual.
2. **Calcula cuánto dinero necesitas para completar tu colchón.** Multiplica tus gastos mensuales medios por la cantidad de meses que te gustaría tener cubiertos, y luego resta el dinero que ya tienes ahorrado en tu fondo de emergencia actual.
3. **Decide dónde vas a guardar ese colchón.** Es importante que este dinero esté protegido de posibles fluctuaciones del mercado y, sobre todo, que sea accesible en cualquier momento. El lugar elegido puede ser el mismo que utilizabas para tu fondo de emergencia.
4. **Pasa a la acción y comienza a completar tu colchón de seguridad.** Para ello, durante los siguientes meses dedicarás tu presupuesto de ahorro e inversión a ello. No te olvides de reponer este colchón cada vez que lo utilices y de ha-

cer revisiones de forma periódica para actualizarlo en función de los posibles cambios en tus gastos.

Colchón de seguridad

PASO 7:

HAZ QUE TU DINERO TRABAJE PARA TI

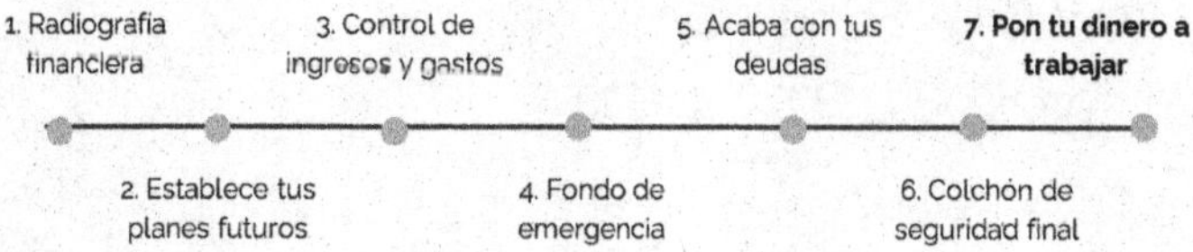

Llegados a este punto, el camino recorrido juntos ha sido enorme. En primer lugar, hemos conseguido un gran hito, organizar todas nuestras finanzas, ser conscientes, tal vez por primera vez, de adónde se estaba yendo nuestro dinero y encontrar esos puntos flacos que ponían en peligro nuestra salud financiera. Pero lo más importante, al fin hemos sido capaces de decidir qué va a pasar en el futuro con nuestro dinero, de protegernos frente a posibles contratiempos creando un fondo de emergencia, hemos acabado con la deuda y completado más tarde un colchón de seguridad que nos servirá de apoyo ante cualquier situación compleja.

Sin embargo, todo este camino recorrido no es más que el principio de uno nuevo, y es que ha llegado el momento de hacer que tu dinero empiece a trabajar para ti, que tu dinero genere más dinero. ¿Cómo? Utilizando la inversión.

En esta parte vamos a aprender qué pasos debemos seguir para empezar a invertir. Empezaremos haciendo un recorrido por todos los puntos clave que necesitamos entender y tener muy en cuenta para empezar a invertir de forma exitosa, comenzando desde la manera en la que nuestra mente nos condiciona llevándonos a tomar malas decisiones con respecto a nuestro dinero (y cómo evitarlo), hasta aprender por qué en el contexto actual invertir no es una opción, sino una necesidad.

Por último, veremos cómo crear una estrategia de inversión sólida a medio y largo plazo, y analizaremos los diferentes productos financieros que están a nuestro alcance para configurar nuestro portafolio de inversión.

12

Los ahorradores son perdedores

> Quien no arriesga no gana.
>
> Anónimo

> [Bróker] —El juego consiste en pasar el dinero del bolsillo de tu cliente a tu bolsillo. Ya.
>
> [Jordan] —Ya, pero si puedes hacer que el cliente también gane dinero, todos salimos beneficiados, ¿correcto?
>
> [Bróker] —Regla número 1 en Wall Street. Nadie, aunque seas Warren Buffet, sabe si una acción va a subir, bajar o a girar en círculos. Y mucho menos los brókeres. Es todo una farsa, una ilusión. No sale en la tabla periódica, no es real.
>
> Escena de la película *El lobo de Wall Street*

A veces pensamos que invertir en bolsa es algo así como una escena de la película *El lobo de Wall Street*, sin embargo, esta idea de la inversión en bolsa como algo arriesgado, como un mundo de estafas, mentiras y emociones fuertes está tan alejada del verdadero significado de invertir en bolsa, como lo está una serie de adolescentes de la realidad que vivimos en nuestros años de instituto. El problema es que de la misma manera que muchos jóvenes comienzan los años de instituto esperando encontrar fiestas en casa de amigos de lunes a domingo y chicos y chicas guapísimos entre las taquillas de los pasillos, muchas personas entran en el mundo de la inversión pensando en invertir en bolsa como una escena de esta película: gritos, excitación, riesgo, gráficos subiendo y bajando y muchas muchas pantallas.

Sin embargo, la inversión, especialmente cuando hablamos de medio y largo plazo, no tiene nada que ver con todas esas escenas que en ocasiones nos imaginamos. No necesitas ser millonario, no necesitas ser experto en temas financieros, lo que sí necesitas es tener una base sólida para asegurar que sabes lo que estás haciendo.

Comenzábamos este capítulo con una frase de Robert Kiyosaki: «Los ahorradores son perdedores». Veamos con datos reales por qué Robert Kiyosaki hace esta afirmación.

Como vemos en el ejemplo, cada año nuestro dinero vale menos, con el mismo dinero puedes comprar menos productos o servicios. Es por ello que, cuando sólo nos limitamos a ahorrar cada año, estamos perdiendo poder adquisitivo. Esto es la consecuencia de lo que conocemos como inflación.

La inflación es la elevación del nivel general de los precios. O visto de otra forma, es la devaluación que cada año sufre tu dinero. La inflación la medimos con el IPC, índice de precios de consumo, que es un índice que evalúa por grupos de productos (IPC alimentación y bebida; IPC alquiler, etc.) las variaciones medias en los precios.

Actualmente los sistemas económicos de la mayoría de los países están sujetos a esta inflación, pero realmente ¿qué es lo que produce este aumento de los precios? Hay varios factores que influyen.

Por una parte, la inflación puede producirse por un incremento, o bien en la demanda, o bien en los costes de producción. En la inflación por demanda, se produce un aumento en la demanda a la que la oferta del sector productivo no es capaz de hacer frente, por ello suben los precios. Un ejemplo de esto fue lo ocurrido con geles hidroalcohólicos o mascarillas durante el comienzo de la pandemia de la COVID-19. Por otra parte, la inflación por costes ocurre cuando se incrementan los costes de producción, por ejemplo, por un aumento en los precios de las materias primas, de la mano de obra o bien porque suben los impuestos, lo que acaba originando un aumento en el precio final del producto.

Aunque estas dos situaciones pueden darse, realmente representan casos puntuales. De forma general la inflación se produce por el incremento en la base monetaria (cantidad de dinero en circulación). Los bancos centrales de todo el mundo tienen la capacidad de imprimir dinero, crean dinero de la nada sin ningún tipo de respaldo.

Muchas personas siguen creyendo que su dinero está avalado por el oro que se guarda en las cajas fuertes de los bancos centrales. Sin embargo, desde 1971 esto ya no es así. En ese año, el por aquel entonces presidente de Estados Unidos Richard Nixon cambió para siempre el funcionamiento del sistema económico y financiero global. Nixon decidió eliminar el patrón oro. Así, desde ese momento el dinero dejaría de estar respaldado por oro para pasar a estar respaldado por deuda. Por ello, al dinero actual se le conoce como «dinero fiduciario», donde la palabra *fiduciario* viene de la raíz latina *fidel*, que significa «confianza, lealtad o fe», ya que no existe nada que respalde el valor del dinero salvo la propia fe en él.

En 1973 el resto del mundo abandonó definitivamente el patrón oro. Así que desde ese momento los bancos centrales de todo el mundo imprimen dinero independientemente de las reservas de oro disponibles, después lo prestan a los Gobiernos de los diferentes países y a los bancos comerciales mediante deuda. Así, la cantidad de dinero circulante no deja de aumentar y, por tanto, el valor de éste de bajar, consecuencia de la ley de la oferta y la demanda que ya veíamos en capítulos anteriores con el ejemplo de la cosecha de naranjas.

El colmo de este juego es que si todo el dinero se crea como deuda, pero la deuda ha de devolverse con intereses, ¿de dónde sale el dinero para pagar esas comisiones? De ningún sitio, simplemente no existe. Si todas las personas y Gobiernos del mundo se plantearan saldar todas sus deudas, no habría suficiente dinero en el mundo. Sólo en España la diferencia entre créditos concedidos y dinero en depósitos bancarios se sitúa en torno a los 600.000 millones de euros.

Lo cierto es que muchas personas creen que este sistema es

necesario, ya que la situación contraria a la inflación es la deflación, la bajada generalizada de los precios, situación que pone en grave riesgo el consumo y la sostenibilidad del sistema. Otros, por el contrario, creen que el sistema inflacionario incrementa la brecha de clases y contribuye a acabar con la clase media. En cualquier caso, sea como sea, no tenemos la capacidad de cambiar este sistema económico y monetario, pero podemos —y debemos— conocer las reglas de este juego del dinero para no perder el partido.

La regla número uno, por tanto, es que el dinero parado pierde valor. Con la misma cantidad de dinero que hace unos años comías un menú del día, hoy pagas un café. Por tanto, si queremos ganar esta partida, necesitamos comenzar a invertir. A pesar de que no todo tipo de inversión es para todo el mundo, la inversión en sí sí debería ser para todos.

Cuando hablábamos sobre crear el colchón de seguridad, ya lo decíamos, no se trata de cuanto más mejor, sino de buscar el equilibrio entre seguridad y rentabilidad. Sólo imagina que hoy mismo se aprueba una nueva ley que legitima al Gobierno a quitarte cada año, el 31 de diciembre, un 2 por ciento de tus ahorros. Si en cuenta bancaria a 31 de diciembre contabas con 100.000 euros, el día 1 de enero tendrás 98.000 euros. No es complicado imaginar las revueltas sociales que esta ley ocasionaría, tampoco que la gran mayoría de las personas haría lo posible por mover su dinero y no verse afectada por esta injusta medida.

Pues esto precisamente nos ocurre cada año, pero de forma más sutil, con la inflación. La ventaja que tiene para los Gobiernos generar esta inflación es que, como el número que vemos en nuestra cuenta bancaria no varía, tenemos la falsa ilusión de que nuestro dinero se mantiene intacto. Es por esto que la inflación está socialmente mejor aceptada, aunque el resultado es el mismo:

Año 2021: 1 € - 10 golosinas
Año 2022: 1 € - 9 golosinas

Es igual en términos económicos que:

Año 2021: 1 €- 10 golosinas
Año 2022: 0.90 €- 9 golosinas

Además, este sistema cuenta con una ventaja extra para Gobiernos de todo el mundo, y es que da igual dónde escondas tu dinero, si en Suiza, en tu cuenta corriente o debajo del colchón, aquí no hay forma para el ciudadano de evadir este impuesto. Así, cuando entendemos que el dinero sin el respaldo del oro sólo tiene valor al intercambiarlo por bienes o servicios, y que es lo mismo incrementar el precio de éstos que disminuir el dinero disponible para gastar, nos damos cuenta de que sólo tenemos una forma de evitar este impuesto silencioso: la inversión.

Importancia de la inversión

13

La psicología del inversor. Por qué tomamos malas decisiones

> No sabemos lo que nos pasa y eso es lo que nos pasa.
>
> José Ortega y Gasset

Antes de comenzar a invertir hay algo que necesitamos aprender, y es lo que a la mayoría de los inversores les lleva más tiempo: aprender a controlar las emociones o, lo que es lo mismo, aprender lo necesario sobre la psicología de las inversiones. Hablar de psicología de las inversiones es lo mismo que hacerlo de lo que necesitas saber para que tus emociones no te juegan una mala pasada.

Cuando se trata de inversiones, el 60 por ciento es corazón y el 40 por ciento, mente. Y es que la forma en la que nos sentimos juega un papel fundamental a la hora de tomar decisiones con respecto a nuestro dinero. Sin embargo, curiosamente es de lo último que nos solemos ocupar —si es que lo hacemos— y, sin duda, es uno de los aspectos más difíciles de dominar.

Al principio de este libro ya vimos de qué manera, cuando se trata de dinero, las emociones, nuestro condicionamiento y en general la manera que tenemos de pensar y relacionarnos con el dinero juegan un papel crucial en nuestros resultados económicos. Pero es que cuando se trata de inversiones, esto se multiplica. Y ya no hablamos de algo particular de nuestra infancia o de nuestra manera de pensar que nos afecte en nuestras decisiones, sino que la propia naturaleza humana nos condiciona para tomar decisiones erróneas a la hora de mover nuestro dinero.

Por eso, en esta parte vamos a hablar de algunos de los sesgos psicológicos que han sido descritos por psicólogos o economistas conductuales a lo largo de la historia y que estoy segura de que tú, al igual que yo, has sufrido en primera persona.

Para analizar estos sesgos cognitivos que nos afectan a la hora de tomar decisiones económicas, necesitamos irnos a las conclusiones aportadas por Daniel Kahneman en sus numerosos estudios.

Kahneman ha sido el primer —y único— psicólogo en ganar el Premio Nobel de Economía, y sus investigaciones sobre la conducta humana aplicadas a temas económicos se consideran clave para construir la teoría económica moderna.

Kahneman, desde luego, no tuvo una vida fácil. Vivió una infancia complicada, de origen israelí, ésta estuvo marcada por el Holocausto nazi, lo cual desde pequeño le llevó a hacerse preguntas trascendentales sobre la existencia humana.

Trabajando como psicólogo en un barco del ejército israelí se dio cuenta de algo: los humanos tenían ilusiones ópticas. Por ejemplo, en ocasiones un faro que se encontraba a mucha distancia parecía estar prácticamente al lado. Esto le llevo a hacerse una pregunta que lo cambiaría todo: si nuestra vista tiene estos errores de percepción y estas ilusiones, ¿acaso nuestra mente también sufre estas alteraciones cognitivas? Ilusiones para la mente que te hacen asignar un valor distinto a las cosas en función de con qué las estés comparando. Ilusiones, en definitiva, que te hacen perder la objetividad y te llevan a cometer errores de juicio de forma sistemática, y se dio cuenta de que efectivamente así era.

Al igual que ocurre con nuestra vista, nuestra mente distorsiona algunas percepciones de forma sistemática. Para entenderlo mejor, Kahneman ejemplificaba su teoría con el siguiente ejemplo: sucedería algo así como si jugáramos al tiro al blanco, con dos equipos distintos, ambos profesionales, y con muy bajas probabilidades de fallo.

Imagina que cuando llega el turno del primer equipo, el equipo A, todos los jugadores aciertan justo en el centro de la diana. Sin embargo, cuando es el turno del siguiente equipo, el B, todos ellos sin excepción lanzan sus flechas en un punto más abajo y desviado hacia la izquierda del blanco central, pero de nuevo todos convergen exactamente en el mismo punto. Ante este suceso ¿qué podemos pensar que ha ocurrido?

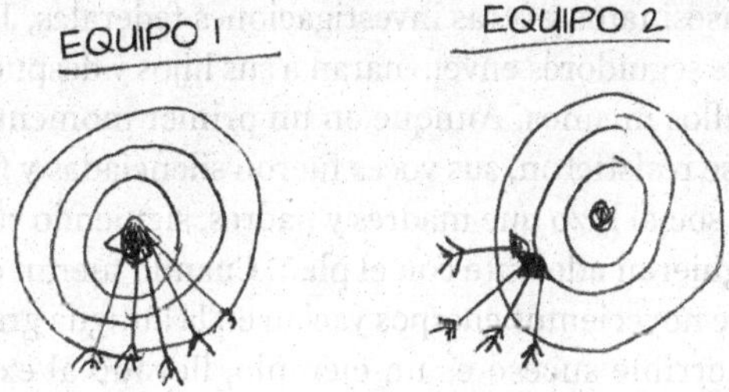

La opción más lógica, teniendo en cuenta que los participantes de ambos equipos son profesionales, sería que el arco con el que lanza el equipo B tiene algún tipo de desviación, haciendo que todas las flechas, a pesar de ser lanzadas al centro de la diana, vayan a parar a este punto.

En este caso se trata de un error que nos va a dar un resultado predecible, ya que si lanzamos la flecha justo al centro de la diana sabemos que ésta acabará en un punto inferior y desviado hacia la izquierda. Y esto es un sesgo cognitivo, algo que nos va a producir un fallo de juicio sistemático y de forma predecible, y que por tanto hace que nuestra mente también sufra estos errores de percepción.

Lo más importante aquí es que al tratarse de un error predecible, **si tomamos conciencia de que estamos influenciados por estos sesgos, seremos capaces de evitarlos.**

Y por eso en este apartado vamos a ver diferentes tipos de sesgos cognitivos, para aprender cómo nos afectan en nuestro día a día y qué podemos hacer para que no sean éstos los que determinen nuestras decisiones a la hora de invertir.

Sesgo de arrastre

Jim Jones fue el líder y fundador de la terrible secta del Templo del Pueblo, secta religiosa, comunista, influenciada por ideas políticas de extrema izquierda, fundada en 1955 en la ciudad de Indiana. En 1978, tras diversas acusaciones por evasión de impuestos, el líder sectario obligó a miles de seguidores a trasladarse a un asentamiento en Guayana. Ante las previsibles acusaciones por torturas, asesinatos y otras investigaciones federales, Jones decidió que sus seguidores envenenaran a sus hijos y después se envenenaran ellos mismos. Aunque en un primer momento algunas personas se resistieron, sus voces fueron silenciadas y finalmente la presión social hizo que madres y padres, siguiendo sus instrucciones, siguieran adelante con el plan. Cuando fueron descubiertos, más de novecientos cuerpos yacían en la antigua granja.

Este terrible suceso es un ejemplo, llevado al extremo, de cómo a pesar de ser considerados seres racionales, la presión social acaba teniendo una fuerte influencia en nuestra toma de decisiones.

Lo mismo sucede con un ejemplo mucho más cotidiano. Cuando vemos una escena de una película en compañía y las demás personas se ríen, aunque no la encontremos especialmente graciosa, acabaremos riéndonos, de la misma manera que si alguien bosteza, probablemente toda persona presente en la habitación en ese momento lo acabará haciendo.

Este mismo comportamiento humano es el que en muchas ocasiones nos lleva a gastarnos dinero que no tenemos, saliéndonos de nuestro presupuesto, sólo para comprar cosas que en realidad no necesitamos, y ni siquiera queremos, pero que contribuyen a vernos como parte del grupo, como parte de una «tribu».

Las marcas lo saben y por eso uno de los gastos más importantes de cualquier empresa son las campañas de marketing: anuncios, *influencers*, gente que recomienda estos productos, afiliados, todo vale si ayuda a crear en nosotros la idea de que comprando eso, seremos parte del grupo. Este sesgo, por tanto, nos lleva a hacer cosas, a tomar decisiones por imitación. Por sentirnos parte de algo.

Existe un famoso experimento que representa muy bien el poder de este efecto. Consistía en lo siguiente:

Se metían cinco monos en una jaula, en la parte superior había un racimo de plátanos al cual los monos podían acceder por una escalera situada en la parte central de la jaula. Como era de suponer, pasados pocos segundos el primero de los monos intentó subir para coger estos plátanos, sin embargo, justo en el momento que empieza a subir la escalera, el resto de los monos recibe un chorro de agua fría. Tras él, el segundo de los monos decide intentarlo, corriendo todos los demás la misma suerte. Tras algunos intentos fallidos con las mismas consecuencias, los monos empiezan a atacar a cualquier compañero que intenta subir la escalera, a fin de evitar el castigo. Cansados de chorros de agua fría y de ataques de sus compañeros, todos los monos deciden dejar de intentar conseguir los plátanos.

En la segunda parte del experimento se introduce una variación. Se deja de castigar a los monos que intentan coger los plátanos con agua fría y se introduce un mono nuevo en la jaula. Éste, al no saber lo que ocurría, tan pronto como entra intenta subir las escaleras para conseguir los plátanos, sin embargo, antes de subir el primer peldaño es atacado por el resto de los monos.

De forma progresiva se van cambiando los monos antiguos por nuevos, hasta que finalmente no queda en la jaula ninguno de los monos de la primera parte del experimento. Todos los monos eran nuevos, y por tanto ninguno de ellos había recibido nunca ningún castigo, sin embargo, curiosamente continuaban atacándose unos a otros cada vez que uno intentaba subir a por los plátanos.

Seguramente, si pudiéramos haberle preguntado a alguno de estos monos por qué atacaba al resto, diría que el mono que estaba antes ya lo hacía.

Muchas veces a la hora de tomar decisiones con nuestro dinero, lo hacemos influenciados por lo que otros hacen. Contratamos planes de pensiones porque otros los contratan, compramos una acción o una criptomoneda porque está de moda y no queremos quedarnos fuera, pero en muchas ocasiones ni siquiera cuestionamos el porqué de lo que estamos haciendo —de ahí que se produzcan las burbujas económicas.

La presión del grupo social siempre es fuerte, pero recuerda: que lo haga la mayoría, especialmente en temas relacionados con el dinero, no significa que sea la mejor opción para ti. Seguramente a partir de este momento, si decides aplicar lo que has aprendido harás las cosas de forma muy diferente al resto de las personas y eso, lejos de ser algo erróneo, probablemente sea lo que te está evitando caer en este sesgo de arrastre.

Cómo controlar los efectos de este sesgo

Una vez que conoces de qué manera el sesgo de arrastre puede acabar condicionando tus decisiones financieras, debes evitar caer en él. Para ello, la mejor forma es cuestionarte siempre el porqué a la hora de tomar una decisión financiera.

Por ejemplo, en el banco te ofrecen contratar un plan de pensiones y todos tus amigos opinan que es necesario dado sus ventajas fiscales. Antes de inclinarte por el sí, cuestiona si de verdad ése es el producto más interesante, infórmate bien y compáralo con el resto de las opciones de inversión disponibles. De esta manera, decidas comprarlo o no, lo habrás hecho en base a tu criterio y no dejándote llevar por opiniones externas.

Sesgo de confirmación

Otro de los sesgos que nos llevan a tomar malas decisiones a la hora de comprar determinados productos financieros, o de venderlos, es el sesgo de confirmación. Este sesgo nos lleva de forma involuntaria a fijarnos y poner nuestra atención en aquella información que confirma lo que nosotros queremos pensar.

Si quieres comprar una determinada acción, muy probablemente cuando empieces a buscar información al respecto encuentras cosas contradictorias, «expertos» que te dicen que la acción va a bajar y otros que te dicen que la acción subirá como la espuma en los próximos meses.

A pesar de que la mejor opción sería analizar ambas fuentes de información en busca de la más fiable, este sesgo nos hace poner nuestro foco de forma automática en aquella información que refuerza nuestra idea, en este caso en la información que nos lleva a comprar esta acción.

Cómo controlar los efectos de este sesgo

Una buena manera de evitar tomar malas decisiones debido a este sesgo es hablar con ese amigo que siempre te lleva la contraria o con una persona que piensa de la manera opuesta a ti en ese tema concreto. A veces escuchar una opinión contrapuesta a la nuestra de forma directa de otra persona nos puede ayudar a salir de nuestra burbuja y ser capaces de medir la situación de forma mucho más objetiva.

Sesgo de optimismo

Cuando estábamos creando nuestro colchón de seguridad, ya hablamos del sesgo del optimismo, ese que nos lleva a pensar que por lo general nada malo nos va a suceder.

Cuando se trata de inversiones, éste toma un papel mucho más relevante.

Tal y como demostraron Shlomon Benartzi, Daniel Kahneman y Richard H. Thaler en su estudio «Optimism and Overconfidence in Asset Allocation Decisions»,[9] el 85 por ciento de los inversores pasan más tiempo valorando posibles ganancias que potenciales pérdidas.

Tanto éste como otros estudios similares apuntan a que la mayoría de los inversores tenemos un optimismo desmesurado e infundado sobre la rentabilidad que se pretende conseguir de una determinada inversión, lo cual nos lleva a hacer proyecciones poco realistas en lo que se refiere a nuestras inversiones.

Este sesgo lo podemos aplicar a cualquier tipo de inversión, pero cobra una especial relevancia para aquellas que están más «de moda». Un claro ejemplo lo encontramos en la inversión en criptomonedas. Al tratarse de un mercado relativamente reciente

9. Benartzi, S., Kahneman, D. y Thaler, R. H., «Optimism and Overconfidence in Asset Allocation Decisions», Morningstar.com, 23 de marzo de 1999. Disponible en: <http://behaviouralfinance.net/optimism/Morningstar_com%20Optimism%20and%20Overconfidence%20in%20Asset%20Allocation%20Decisions.htm>.

y mucho más volátil dada su falta de regulación, podemos ver ejemplos de activos de este tipo que se han revalorizado hasta un 3.000 por ciento anual. Claro que ésta no es la norma, sin embargo, muchos inversores continúan entrando en este mercado con expectativas de rentabilidad similares a ésta.

Cómo controlar los efectos de este sesgo

Este sesgo puede acabar teniendo un efecto muy negativo de cara a nuestra inversión, ya que si en el momento de crear la estrategia de inversión utilizamos una rentabilidad sin fundamento, que luego resulta que no se cumple, nos será prácticamente imposible alcanzar nuestras metas financieras.

Por ello, siempre que estemos valorando una inversión, te recomiendo utilizar datos históricos y obviar lo que tú crees que en este caso ocurrirá por muy claro que lo puedas ver. Siempre será mejor proyectar a la baja, y si después la rentabilidad resulta mejor a la esperada, tomarlo como un impulso extra para llegar antes a nuestro objetivo.

Por ejemplo, si has invertido en acciones con vistas a diez años, aunque tú pienses que éstas van a rendir a una media del 15 por ciento anual, lo mejor será utilizar siempre la media histórica de crecimiento anual de la bolsa, un 8 por ciento (valor que se considera la media anual de crecimiento en los últimos cien años del índice S&P 500 y que recoge la rentabilidad de las principales quinientas empresas de EE. UU.).

Sesgo de la aversión a la pérdida

Por último, vamos a hablar de uno de los sesgos más conocidos y relevantes: el sesgo de la aversión a la pérdida. Y es que no es algo nuevo que a todos nos gusta ganar y nos molesta mucho más perder.

Según un estudio realizado en 1981 por los psicólogos David Kahneman y Amos Tversky, de media una pérdida nos duele 2,5 veces más de lo que disfrutamos una ganancia.

Esto quiere decir que si por ejemplo invertimos en bolsa, ante una pérdida de 100 euros, psicológicamente necesitaremos ganar 250 euros para quedarnos «igual».

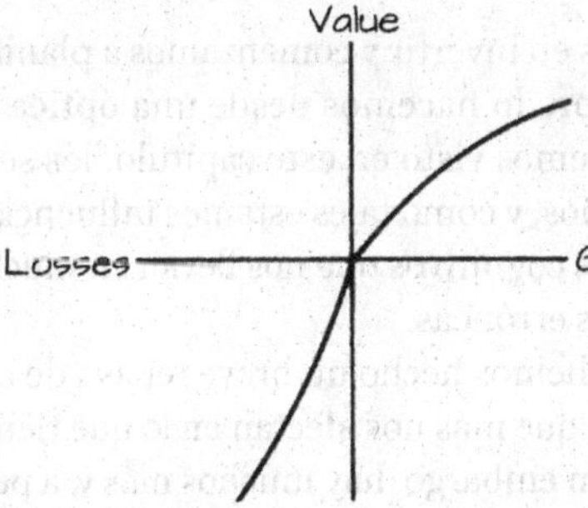

Fuente: Thaler, R. H., *Todo lo que he aprendido con la psicología económica*, Ediciones Deusto, Barcelona, 2016.

Esta aversión a la pérdida nos lleva a tomar malas decisiones con nuestras inversiones, sobre todo cuando se trata de aceptar que nos hemos equivocado y hemos perdido una determinada cantidad.

Por ejemplo, si compramos las acciones en bolsa y de repente comenzamos a observar que dicha empresa presenta malos resultados, vemos que las noticias son muy desalentadoras y que el valor de éstas no para de bajar, el hecho de cerrar esa operación con pérdidas es, para la mayoría de las personas, tremendamente complicado. Y así es como esta aversión a la pérdida nos lleva en muchas ocasiones a acabar perdiendo aún más, por ejemplo, cuando volvemos a comprar al precio más bajo para intentar aprovechar ese «nuevo precio», pero aun así continúa cayendo, o cuando sólo decidimos vender cuando ya es demasiado tarde.

Cómo controlar los efectos de este sesgo

Sin duda, éste es uno de los sesgos más comunes y también más difíciles de controlar, por ello siempre que inicies una inversión, especialmente si hablamos de plazos temporales cortos, establece lo que se conoce como *stop-loss*, tu límite de pérdidas, un precio al que si llegara el activo se vendería de forma automática para no continuar acumulando pérdidas. A veces, una retirada a tiempo es una victoria.

Cuando pensamos en invertir y comenzamos a planificar nuestras inversiones siempre lo hacemos desde una óptica racional. Sin embargo, como hemos visto en este capítulo, los seres humanos somos eso, humanos, y como tales estamos influenciados por toda una serie de sesgos cognitivos que nos llevan en muchas ocasiones a tomar decisiones erróneas.

En esta parte hemos hecho un breve repaso de algunos de los principales, de los que más nos afectan en lo que tiene que ver con nuestro dinero. Sin embargo, hay muchos más y, a pesar de no poder conocerlos todos, lo verdaderamente importante es saber que están ahí, y antes de tomar una decisión cuestionarnos internamente por qué la estamos tomando para así poder tomarla de la forma más objetiva posible.

14

El poder del interés compuesto

> El interés compuesto es la fuerza más poderosa de la naturaleza.
>
> ALBERT EINSTEIN

La verdad es que resulta complicado saber si estas palabras que popularmente se le atribuyen al reconocido físico realmente las pronunció él o no, pero lo que sí es cierto es que razón no le faltaba, y es que conocer y aprovecharnos del interés compuesto es la clave para generar inversiones exitosas y conseguir que el dinero trabaje para ti.

El interés es la plusvalía, es decir, el beneficio que genera una inversión, y podemos diferenciar dos tipos según lo que decidamos hacer con él: interés simple e interés compuesto.

El **interés simple** es el que se genera cuando tenemos una inversión y retiramos de forma periódica las ganancias obtenidas.

Mientras que el **interés compuesto** se calcula teniendo en cuenta la cantidad invertida más los intereses que se han generado, contando con que éstos siempre se reinvierten.

Por ejemplo, si consideramos una inversión única de 1.000 euros, mantenida durante veinticuatro meses, éstos serían los resultados utilizando ambos tipos de interés:

	INTERÉS SIMPLE	INTERÉS COMPUESTO
Inversión del 1.er año	1.000€	1.000€
Beneficios 1.er año (8 %)	80€	80€
Total 1.er año	1.080€	1.080€
Inversión del 2.º año	1.000€	1.080€
Beneficios del 2.º año (8 %)	80€	86,4€
Total al final del 2.º año	**1.160€**	**1.166,40€**

Como vemos, en el corto plazo la diferencia es escasa, sin embargo, cuando pensamos en el largo plazo esta diferencia se hace mucho más notable.

Si tenemos en cuenta, por ejemplo, la misma inversión que hemos analizado anteriormente, pero ampliamos el plazo a diez años y contamos con una adición mensual de 500 euros.

	INTERÉS SIMPLE	INTERÉS COMPUESTO
Inversión del 1.er año	1.000€ iniciales + 6.000 € (500 € x 12) meses	1.000€ iniciales + 6.000 €
Beneficios 1.er año (8 %)	560€	560€
Total 1.er año	7.560€	7.560€
Inversión del 2.º año	7.000€ + 6.000€	7.560€ + 6.000€
Beneficios del 2.º año (8 %)	1.040€	1.084,80€
Inversión del 10.º año	55.000€	82.918,38€
Beneficios del 10.º año (8 %)	4.400€	6.633,47€
Beneficio total al final del 10.º año	27.200€	32.031,83€
Capital total al final del 10.º año	**61.000€ + 27.200€**	**61.000€ + 32.031,83€**

Como vemos, a pesar de tratarse de exactamente la misma inversión, con el mismo capital inicial, el mismo esfuerzo en el mes a mes para cumplirla y el mismo nivel de riesgo, el resultado que obtenemos es muy distinto: casi 5.000 euros de diferencia.

Además de conseguir mejores resultados económicos, cuando reinvertimos de forma sistemática nuestras ganancias conseguimos otra cosa muy necesaria: asegurar que no nos gastamos ese dinero.

Cuando hacemos una inversión y retiramos las ganancias, habitualmente nos acabamos gastando ese dinero en cosas que no necesitamos, puesto que lo consideramos como un dinero «extra». Ahora bien, si lo mantenemos dentro de la inversión hasta el final, lo más probable es que llegado el momento tengamos una cantidad significativa de dinero, y por ello nos pensemos más en qué gastarlo. Resulta mucho más probable que si recibes 100 euros por las plusvalías lo acabes gastando en algo que no necesitas, a que lo hagas si recibes 1.000 euros.

Si decidimos utilizar el interés compuesto en nuestras inversiones, tenemos que tener claro que el mayor aliado de éste es el tiempo: a mayor plazo temporal, más grande se hará esta diferencia. En el siguiente ejemplo vamos a ver el efecto de la variable tiempo sobre el poder del interés compuesto: supongamos que María y Pablo deciden invertir 200 euros cada mes para su futuro y ambos comenzarán a invertir ahora y dejarán este dinero hasta que cumplan 65 años. María comienza con 18 años y a los 27 decide parar sus aportaciones. Pablo, sin embargo, empieza a los 27 años y las continúa haciendo hasta el momento de su jubilación a los 65 años.

	MARÍA **Ahorra de los 18 a los 27 años**	**PABLO** **Ahorra a partir de los 27 años**
Total invertido	24.000€	88.800€
Rentabilidad anual	8%	8%
Patrimonio a los 35 años	69.500,89€	27.570,14€
Patrimonio a los 65 años	**647.558,93€**	**526.358,27€**

Aquí podemos ver de forma clara cómo actúa el interés compuesto y por qué el tiempo es su principal aliado. En el caso de María, ella invierte una cantidad total de dinero mucho menor que Pablo (24.000 € *vs.* 88.000 €). Sin embargo, cuando ambos cumplen 65 años, el patrimonio de María supera al de Pablo en más de 121.000 euros. Esto se debe a que María dejó sus inversiones durante más tiempo, concretamente nueve años más que Pablo, lo cual hizo que a pesar de invertir durante menos años, al dejar su dinero más tiempo «trabajando», acabara consiguiendo un resultado mucho mejor.

La ventaja del interés compuesto es que no depende de un tipo de inversión o de otra, tampoco de que tu bróker o tu banco te lo ofrezcan o no. Sino que éste es aplicable a cualquier tipo de inversión, y la decisión de utilizarlo sólo dependerá de ti y de tu disciplina.

Consejos para aprovechar el interés compuesto a tu favor

1. **Empieza a invertir.** Si nunca empezamos, no vamos a ser capaces de aprender a aprovecharnos del beneficio del interés compuesto.
2. **Aprovecha la variable tiempo.** Cuando se trata de inversiones, cuanto antes empieces, mejor. El tiempo es el mejor aliado del interés compuesto. Por ello, como hemos visto, cuanto antes empieces más beneficios obtendrás a largo plazo.
3. **Empieza en pequeño.** Comenzar invirtiendo pequeñas cantidades. Eso nos hará no paralizarnos por creer que no tenemos el capital necesario para arrancar, además, cuando estamos comenzando en el mundo de las inversiones, aprender primero a invertir pequeñas cantidades nos hará ir poco a poco conociéndonos mejor como inversores y ganando confianza.
4. **Sé constante**. Si consigues que dentro de tu estrategia de inversión haya una inversión que realizas mes a mes de forma periódica, vas a maximizar este efecto del interés compuesto y a largo plazo te garantizará haber conseguido un buen precio promedio.

15

Diseña tu estrategia de inversión

Si fallas en planear, en realidad estás planeando fallar.

BENJAMIN FRANKLIN

Antes de entrar de lleno en aprender el funcionamiento de las diferentes vías de inversión necesitamos comenzar por el paso más importante: crear una estrategia de inversión.

Probablemente hayas visto alguna vez estadísticas que dicen cosas como éstas: «ocho de cada diez personas que comienzan a invertir en renta variable pierden dinero en el primer año» o «el 73,03 por ciento de inversores minoristas pierden dinero con productos derivados».

Además, seguramente en algún momento, tú mismo o algún conocido hayáis perdido dinero con una inversión. Y es que, a pesar de que cuando se trata de invertir nadie puede garantizarte los resultados, la gran mayoría de pérdidas serían evitables si contáramos con dos factores: conocimientos y una estrategia.

Comenzar a invertir sin tener una estrategia definida de antemano es como coger un coche y empezar a conducir, pero no tener ni idea de hacia dónde vamos. De la misma forma que lo más seguro sería que no llegaras a ningún punto de tu agrado, cuando comenzamos a invertir sin saber qué queremos conseguir, lo más probable es que nos quedemos por el camino sin haber alcanzado nuestros objetivos económicos.

Sin embargo, tener una estrategia clara no sólo nos ayudará de cara a alcanzar nuestros objetivos económicos, sino que en muchos casos evitará que abandonemos por el camino, nos hará seguir manteniéndonos, aun cuando nuestras circunstancias personales sean poco favorables para la inversión, y nos ayudará a no caer en los diferentes sesgos psicológicos de los que hablábamos antes.

Por todo ello, de la misma forma que para crear nuestro fondo de emergencia y nuestro colchón de seguridad o para eliminar la deuda teníamos que seguir unos pasos, es hora de aprender los pasos para elaborar una inversión exitosa.

Desde el comienzo del método hemos hablado de lo necesario que es que en nuestros presupuestos haya una partida para ahorro e inversión. En este momento esta partida es la que dedicaremos de forma íntegra a poner en marcha esta estrategia.

Así que en este capítulo aprenderemos a cómo crear e implementar una estrategia de inversión a medio y largo plazo para utilizar esta partida de inversión de la mejor manera posible.

Cuando se trata de plantear una estrategia de inversión hay tres factores claves que tenemos que tener en cuenta, y que a continuación veremos en detalle:

- Objetivo económico
- Nivel de riesgo
- Plazo temporal

Objetivo económico

Sin duda, el punto más importante para crear una estrategia de inversión es saber qué queremos conseguir.

Anteriormente ya redactamos nuestros objetivos económicos según la fórmula SMART, así que puedes utilizar esos mismos, o establecer otros. Pero lo fundamental es que tengas clara cuál es tu meta.

Mi recomendación es que la establezcas como el flujo de ingresos mensuales deseados tras la jubilación. Por ejemplo: a la edad de 55 años (la edad de jubilación la marcas tú), quiero que mis inversiones me generen un flujo de ingresos de 18.000€/año (1.500€/mes).

Sabemos que por el efecto de la inflación, el dinero de hoy no vale lo mismo que en el momento de la jubilación. Sin embargo, la forma más sencilla de establecer tu objetivo es que lo hagas pensando en dinero de hoy, y luego ajustar la inflación.

Una vez que tengas este objetivo podremos comenzar a diseñar el plan que necesitas para alcanzarlo.

Nivel de riesgo

Decía Kiyosaki que quien evita el riesgo evita también el éxito, pero claro está: una cosa es huir del riesgo y otra muy distinta lanzarte a la piscina sin comprobar si hay agua.

Ante la pregunta ¿cuál sería el nivel de riesgo idóneo? La respuesta es muy compleja. Depende de muchos factores. Pero desde mi punto de vista el único nivel de riesgo que deberíamos asumir es el que nos permita dormir a pierna suelta por la noche.

Si analizamos el riesgo desde el punto de vista oficial, el riesgo de una inversión es la volatilidad de las rentabilidades, entendida como su desviación estándar. Y se calcularía según esta fórmula:

$$\text{Varianza} = S^2 = \frac{1}{n-1}\sum_{i=1}^{n}(x_i - \tilde{x})^2$$

Si esto te suena a chino no te preocupes, a mí también, y desde luego no conozco a ningún inversor particular que utilice dicha fórmula para el cálculo del riesgo.

Por eso lo que vamos a hacer aquí es aprender a analizar el nivel de riesgo de una forma práctica y simple, utilizando algunas de las variables más importantes que necesitamos tener en cuenta para comenzar a invertir. Para ello hablaremos del tipo de producto para elegir, de la diversificación (en cuántos tipos de productos diferentes vas a invertir) y del horizonte temporal.

Tipos de activos

Renta fija versus Renta variable

Cuando se trata de riesgo, uno de los elementos que necesariamente deberíamos analizar es el tipo de renta, si renta fija o renta variable. Las inversiones de renta fija son las que nos garantizan un retorno concreto a partir de nuestras inversiones.

Por ejemplo: un depósito a plazo fijo me garantiza un retorno determinado en un tiempo definido. Por ejemplo, un 0,5 por ciento de rentabilidad a un año.

El problema de este tipo de inversión «garantizada» es que la rentabilidad suele ser muy baja, en ocasiones ni siquiera suficiente para contrarrestar el efecto de la inflación, y además que te obligan a mantener esa inversión durante un período de tiempo determinado.

Por su parte, la renta variable es aquella que no garantiza ningún retorno concreto y su valor futuro dependerá del precio de mercado del activo, es decir, de la ley de la oferta y la demanda. Por ejemplo, las acciones.

A la hora de elaborar nuestra estrategia de inversión, combinar ambos tipos puede ser muy interesante, ya que con la renta fija (siempre que estemos seguros de no deshacer nuestra inversión antes del plazo) vamos a disminuir el nivel de riesgo y la volatilidad de nuestra cartera de inversión. Ahora bien, encontrar cuál es el punto de equilibrio no es tarea fácil. Existen algunas teorías que intentan buscar la fórmula de este equilibrio en función de tu perfil inversor. Algunas de las más conocidas son:

- Según el perfil de inversor:
  - Para inversores conservadores: 80 % renta fija; 20 % renta variable.
  - Para inversores moderados: 50 % renta fija; 50 % renta variable.
  - Para inversores arriesgados: 25 % renta fija; 75 % renta variable.
- Según la edad del inversor:
  - Renta variable = 100 – edad → Por ejemplo: si tengo 30 años. 100 - 30 = 70; 70 % renta variable, 30 % renta fija.

Aunque algunos de estos métodos nos puedan servir como orientación, son recomendaciones demasiado generales y no nos conviene seguirlas de forma estricta, ya que incluso podemos elaborar una buena estrategia de inversión diversificando en renta variable sin utilizar nada de renta fija.

Y es que, mientras la renta variable ha de estar presente sí o sí en tu cartera, la renta fija puede resultar más opcional, aunque nos puede resultar muy útil para crear una cartera más equilibrada y balancear el riesgo.

Familia de activo

Otro de los puntos claves a la hora de evaluar el nivel de riesgo es el tipo de producto. Cuando evaluamos los productos de renta variable (oro, acciones, fondos de gestión activa, fondos indexados, criptomonedas, ETFs), de la misma forma que las rentabilidades medias de un producto difieren mucho con respecto a otro, no todos presentan el mismo nivel de riesgo.

Aunque determinar el nivel exacto de riesgo de cada tipo de producto es complejo, existen algunos indicadores que nos permiten hacernos una idea. Por ejemplo, en España, cualquier producto está obligado a presentar un indicador de riesgo. Midiéndose en una escala del 1 al 7, siendo 1 ningún riesgo y 7 riesgo máximo. Esto puede ayudarte a hacerte una idea del riesgo asumido con cada producto.

Otra manera para tener una idea de cómo es el riesgo asociado a ese producto es analizar la volatilidad, es decir, los cambios de precio de los activos, ya que el riesgo de un producto está muy relacionado con la volatilidad de su precio. Para hacer este análisis, lo mejor será seleccionar un período temporal similar al que estamos pensando mantener nuestra inversión. Si, por ejemplo, te planteas hacer una inversión a diez años vista, tiene más sentido analizar el comportamiento de los activos en períodos de diez años, que ver cómo se comportan en el mes a mes o en el intradía.

Diversificación: por qué poner todos los huevos en una misma cesta no es una buena opción

Una de las mejores maneras de disminuir el riesgo asociado a una inversión y no perder el sueño cuando ocurre algo en los mercados es la diversificación.

Diversificar es contar con distintos tipos de productos financieros dentro de una misma cartera. En los mercados de valores las subidas nunca son lineales, siempre vamos a tener altibajos. Por eso, tener varios tipos de productos puede ayudarnos a disminuir este riesgo, aumentando así la estabilidad de la cartera. La diversificación puede hacerse de varias maneras:

Diversificación temporal

Invertir en distintos momentos con el fin de conseguir un precio medio del mercado.

Una de las estrategias de diversificación temporal más conocidas es el *Dollar-cost averaging*, que consiste en elegir un plazo temporal, por ejemplo, un mes, e invertir en un activo determinado de forma periódica (como en un fondo indexado o en una criptomoneda) cada mes, independientemente del estado del mercado. Con esto conseguimos promediar el precio de compra, asegurándonos no entrar sólo en los momentos en los que el mercado está más alto.

Diversificación geográfica

Cuando se trata de inversiones, no siempre se cumple eso de «mejor malo conocido que bueno por conocer». Sin embargo, de forma natural tenemos tendencia a tener una mayor proporción de nuestra cartera invertida en nuestro país en comparación al resto. Esto tiene sentido, primero porque suele ser la opción más económica y, segundo y más importante, porque es lo que más y mejor conocemos.

Sin embargo, no es lo más recomendable. Al centrarnos sólo en inversiones nacionales estaremos perdiéndonos muy buenas oportunidades de inversión en otros países. Por ello, resulta importante comparar la evolución histórica de tu país con la del resto del mundo para también en función de eso valorar hacia dónde deberíamos dirigir el contenido de nuestra cartera. Por ejemplo, en el caso de España, cuando valoramos la evolución del IBEX 35 en los últimos veinte años, en comparación al S&P500 (índice de las quinientas principales empresas de EE. UU.), esto es lo que encontramos:

Gráfico 1. IBEX 35 (2001-2021)

Fuente: El Economista.

Gráfico 2. S&P 500 (2001-2021)

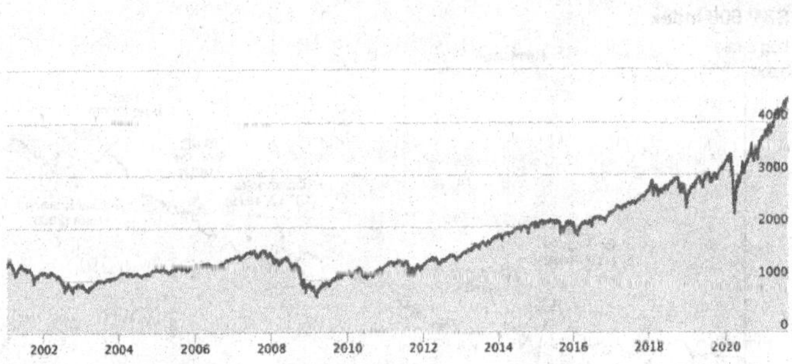

Fuente: El Economista.

Como podemos observar, la evolución de ambos índices es completamente distinta, y es por esto que merece la pena aprovechar las ventajas que brinda orientar nuestras inversiones hacia un mercado global.

Diversificación por clases de activos

Otra de las vías de diversificación que podemos utilizar es invertir en diferentes tipos de activos. Como hemos visto antes, existen multitud de activos financieros, cada uno con un tipo de evolución y unas ventajas particulares. Utilizar varios tipos de activos nos ayudará a disminuir la volatilidad y a evitar grandes caídas en nuestras carteras por algo que afecte a un activo concreto —por ejemplo, cambio en la regulación de criptomonedas o una fuerte caída del precio del oro.

Horizonte temporal

Si hablamos de reducir el riesgo, el gran aliado en las inversiones es el horizonte temporal. Al analizar los mercados financieros a corto plazo, nos damos cuenta de que éstos resultan tremendamente volátiles, sin embargo, a medida que ampliamos el plazo, observamos cómo la famosa ley de todo lo que sube baja se cumple en un amplio porcentaje de las veces.

Gráfico 3

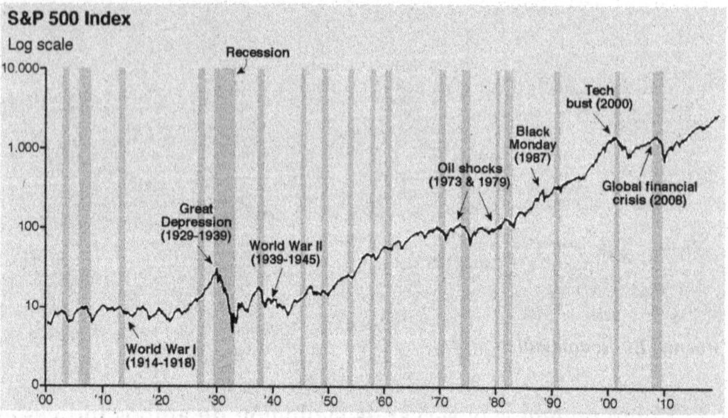

Fuente: Robert Shiller, Standard & Poor's, Thomson Reuters Datastream, J. P. Morgan Asset Management. Los períodos de recesión se han definido con los ciclos de datos de negocio de la Oficina Nacional de Investigación Económica de Estados Unidos [US National Bureau of Economic Research (NBER)], 2018.

Si nos fijamos en el histórico del S&P500 durante los últimos cien años podemos ver cómo incluso a pesar de atravesar algunas de las peores crisis económicas de la historia, si miramos períodos superiores a veinticinco años el resultado siempre es positivo. Por ello, cuanto mayor sea el horizonte en el que estamos pensando invertir, menor será el riesgo.

Plazo temporal

Otro de los puntos claves para establecer tu estrategia de inversión es tener claro tu plazo temporal, es decir, durante cuánto tiempo planeas mantener tu inversión.

En el apartado anterior hablábamos del horizonte temporal y de las ventajas de utilizar el largo plazo. Sin embargo, ante esto siempre surge una pregunta: ¿Cuándo es el momento de dejar de aportar y comenzar a «disfrutar» de lo invertido? La respuesta —como casi siempre— es que dependerá de tus objetivos. Por eso en esta parte vamos a ver un sistema fácil para calcular ese momento.

Para ello, lo primero que vamos a hacer es definir nuestro objetivo temporal a más largo plazo, éste debería ser la libertad financiera. Como veíamos antes, aunque la libertad financiera sea algo demasiado estereotipado y cuando escuchamos hablar de eso nos suele sonar como algo casi imposible de alcanzar, en realidad sería algo que todos deberíamos enfocarnos en conseguir. Contestar a alguna de estas preguntas te ayudará a tener más claro cuándo y cómo hacerlo.

¿A qué edad quiero retirarme? Recuerda que no tiene por qué ser a los 65, 67 o tal vez 70 años que propone el Gobierno.

¿A qué edad quiero tener un patrimonio X?

¿A qué edad me gustaría tener un ingreso pasivo de X al mes?

Tener clara esta meta temporal a largo plazo será algo clave para crear esta estrategia de inversión.

Además de tu meta principal, puedes tener algunas otras a más corto plazo. Por ejemplo, imagina que ahora mismo estás ahorrando una cantidad muy alta de tus ingresos, pongamos un 40 por ciento, sin embargo, no planeas seguir veinte años así, sino que es algo temporal porque has decidido tener una cantidad determinada de dinero para la entrada de la vivienda o para invertirla. Así, dentro de tu meta a largo plazo podrás ir teniendo una o varias metas adicionales.

Por ello, para tener claro este punto, escribe en primer lugar tu meta temporal a largo plazo y después, si las tienes, tus metas a corto o medio plazo.

Generar tu estrategia de inversión

Crear tu estrategia de inversión consiste en, a partir de tus objetivos y del plazo temporal que te has marcado para alcanzarlos, generar un plan que te lleve a ellos, todo esto teniendo en cuenta qué cantidad de dinero deberás invertir mes a mes y la rentabilidad esperable de tu inversión.

Una vez que alcances el momento de retirarte, podrás dejar de hacer aportaciones y de forma periódica irás retirando el dinero que hayas determinado que necesitas para vivir.

Por tanto, a la hora de establecer esta estrategia existen diferentes variables que necesitamos tener en consideración:

La edad a la que comenzará nuestra «libertad financiera». Es decir, cuándo vamos a poner fin al plan de inversión para comenzar a vivir de las rentas generadas.

Tu esperanza de vida, para saber qué cantidad necesitamos. Tenemos que saber de forma aproximada hasta cuándo necesitamos estar recibiendo estos ingresos. Dado que esto, afortunadamente, es imposible de predecir, te recomiendo que seas bastante optimista y utilices una cifra alta, entre 95 y 100 años. Siempre será mejor que dejes unos ahorros a tus seres queridos, a acabar tus días con dificultades.

Rentabilidad esperable. En función del tipo de productos que elijas en tu cartera, deberás poner un promedio de rentabilidad anual esperable. Por ejemplo, para fondos de inversión, un 8 por ciento anual; para renta fija, un 2-3 por ciento, etcétera.

Dinero que te gustaría tener mes a mes tras tu «jubilación».

Con estas variables podremos calcular la cifra que una vez alcanzada, nos permitirá hacer las retiradas periódicas del dinero que necesitemos, asegurándonos que nos queda dinero hasta la esperanza de vida que hubiésemos establecido.

Esto puede parecer algo complejo, pero si quieres saber más sobre cómo hacer este cálculo aquí te dejo este vídeo.

Estrategia de inversión

Recuerda que puedes conseguir esta plantilla Excel (y el resto de todos los materiales que necesitas para llevar todo esto a la práctica) en <https://celiarubio.com/libro>.

16

Cómo comenzar a invertir

> Hay que ser codicioso cuando los demás son miedosos, y miedoso cuando los demás tienen los ojos inyectados en codicia.
>
> WARREN BUFFETT

Desde el principio de este libro te he dicho que mi intención es clara: que de verdad pases a la acción. De nada sirve aprender, acumular cursos, lecturas, mentorías, etc., si nunca acabamos aplicando ninguna de las cosas que aprendemos.

Por eso, en esta parte vamos a hacer juntos un recorrido por algunos de los principales productos de inversión que puedes utilizar para poner en práctica tu estrategia de inversión. Analizaremos cómo funcionan y las principales ventajas e inconvenientes de cada uno.

Si además te has registrado en <https://celiarubio.com/libro>, recibirás guías con actualizaciones sobre estos productos y pasos y recomendaciones para empezar a invertir en ellos.

¿Qué es la Bolsa y cómo funciona?

Para hablar de productos financieros, necesitamos comenzar por conocer qué es esto de la Bolsa y cómo funciona.

La Bolsa de valores es el mercado en el que se negocian diferentes activos financieros como acciones, bonos, obligaciones o derechos de suscripción. Las empresas salen a bolsa con la intención de encontrar financiación, y nosotros como inversores les prestamos dinero, de diferentes formas, con el fin de obtener una rentabilidad.

Las cotizaciones de las acciones en bolsa se rigen por la oferta y la demanda, por el precio al que las personas estén dispuestas a comprar o vender. Por eso el precio (la cotización) de una acción cambia constantemente, ya que dependerá del último valor negociado. Cuando hay más inversores interesados en comprar una acción que en venderla, su cotización sube, ya que los inversores van comprando a precios cada vez más caros. En cambio, si hay muchos vendedores y pocos compradores, la dinámica se invierte.

¿Cómo participar?

Para acceder como inversor a este mercado necesitas contratar un bróker (plataforma de inversión) que actúa como intermediario. Éste es un paso importante, y por eso aquí resulta especialmente importante que le pongamos atención a dos factores:

Comisiones: Existe una gran diferencia entre las comisiones que te cobran los distintos brókeres. Hay diferentes tipos de comisiones que debemos tener en consideración, las principales serían: Cánones de Bolsa y Custodia (comisión por mantener las acciones, especialmente si inviertes a largo plazo, busca uno que sea gratuito), cobro de dividendos (de nuevo, si tienes muchas acciones a largo plazo que reparten dividendos, te interesa que sea gratuito), y las comisiones por compra y por venta. Con estas últimas ten muy en cuenta la comisión mínima. A veces vemos comisiones del tipo 0,5 por ciento del capital a invertir, pero con un mínimo de comisión de 5 euros por lo que, si invertimos pequeñas cantidades, siempre pagaremos esos 5 euros. También hay que tener en cuenta los distintos precios al comprar en diferentes países (las comisiones suelen ser distintas en función del mercado en el que operes).

Regulación: los brókeres se encuentran regulados por organismos oficiales. Desde España puedes operar a través de un bróker que se encuentre regulado por la CNMV (Comisión Nacional del Mercado de Valores) y respaldado por FOGAIN (Fondo de Garantía de Inversiones, que garantiza tu capital hasta 100.000 euros), o bien por algún organismo regulador de otros países como por ejemplo CySEC (Comisión de Bolsa y Valores de Chipre), o la FCA *(Financial Conduct Authority)*, organismo regulador del Reino Unido.

A pesar de que para operar desde tu país el bróker no tiene por qué estar regulado por la entidad reguladora propia de éste (sino que basta con que se encuentre adherido a los organismos de cualquier otro país), sí es importante que te asegures de la solidez y el respaldo de este organismo regulador, ya que no todos ofrecen las mismas garantías ni protección al inversor.

Cómo ganar dinero en bolsa

Si hablamos de invertir en bolsa, la pregunta sería ¿cómo podemos ganar dinero a partir de nuestras inversiones? A grandes rasgos hay dos formas de ganar dinero en bolsa:

Plusvalías: Se trata de la subida de precio de una acción, es decir, de cuánto ésta se ha revalorizado desde que la compraste. Imagina que compramos una acción a 20 euros y en el momento de venderla el precio está situado en 31 euros, en este caso la plusvalía generada sería de 11 euros por acción.

Dividendos: Los dividendos son una parte de los beneficios de la empresa que ésta decide repartir entre sus accionistas de forma periódica. Generalmente esta repartición se hace de forma semestral o anual. No todas las empresas reparten dividendos, sino que dependerá de la política de cada una, puesto que algunas prefieren que ese dinero continúe en la empresa y así hacerlo crecer más rápido. Si por ejemplo el dividendo es de un 5 por ciento por acción, y ésta cuesta 20 euros, recibiremos 1 euro por cada acción que tengamos.

Con respecto a los dividendos existen opiniones enfrentadas. Hay expertos que opinan que el hecho de que la empresa tenga que repartir dividendos y de alguna forma rendir cuentas a los accionistas periódicamente hace que las empresas se esfuercen más para alcanzar los resultados prometidos. Sin embargo, esto no tiene por qué ser así, ya que la mayoría de las empresas sólidas van a esforzarse por presentar siempre los mejores resultados posibles (recuerda que las cuentas de las empresas que cotizan en bolsa son públicas), independientemente de si tienen o no que repartir dividendos.

Además, desde el punto de vista de la rentabilidad, los dividendos no son un negocio demasiado bueno para el inversor. Cuando una acción que cotiza a 20 euros reparte 1 euro de dividendos por acción, el valor de ésta baja de forma automática a 19 euros (aunque no siempre se refleje en el precio, pero es una salida de dinero que ha tenido esta empresa), y además nosotros tendremos que declarar esa ganancia y pagar a Hacienda lo correspondiente (de un 19 a un 26 por ciento en el caso de España).

Índices bursátiles

Seguro que en más de una ocasión has escuchado hablar del IBEX 35 o del S&P 500, éstos son dos ejemplos de índices bursátiles. Los índices bursátiles son indicadores que miden la variación de precios globales de un conjunto de acciones u otros valores que cuentan con características en común.

Por ejemplo, en España tenemos el IBEX 35, que recoge las 35 empresas con mayor capitalización de la Bolsa española. Por tanto, cuando decimos que el Ibex ha caído, en realidad lo que ocurre es que la cotización media de las empresas que lo componen ha disminuido. También podemos encontrar índices de determinados sectores, como el caso del Nasdaq, que recoge las principales empresas tecnológicas de Estados Unidos.

Los índices resultan muy útiles para medir cómo está evolucionando un determinado mercado de forma global. Algunos de los principales son:

ÍNDICE	PAÍS
ASIA	
SSE Composite Index	China
Hang Seng	Hong Kong
Nikkei 225	Japón
Australian Securities Exchange	Australia
Kospi	Corea del Sur
EUROPA	
FTSE MIB	Italia
IBEX 35	España
CAC 40	Francia
DAX 30	Alemania
FTSE 100	Gran Bretaña
AEX	Países Bajos
SMI	Suiza
AMÉRICA	
S&P/TSX 60	Canadá
Dow Jones	EE. UU.
S&P 500	EE. UU.
Nasdaq 100	EE. UU.
IPC	México
IGBC	Colombia

17

Productos financieros

> Tanto la abundancia como la ausencia de dinero te darán problemas. La cuestión es qué tipo de problemas te gustaría tener.
>
> Robert Kiyosaki

Una vez que conocemos más sobre el funcionamiento de la Bolsa, es momento de ver cómo podemos invertir tanto en este mercado de valores como en otros productos financieros para poner nuestro dinero a trabajar. Para ello, a continuación haremos un repaso de los principales productos de inversión, analizando los diferentes factores que tenemos que tener en cuenta y viendo de qué forma podemos utilizarlos.

Inversión en acciones

Los motivos por los que una empresa decide salir a bolsa son variados. Habitualmente, el principal es para conseguir financiación y así seguir expandiendo la empresa. Aunque también existen otros como el hecho de mejorar su reputación: una empresa que cotiza en bolsa es sinónimo de empresa sólida y fuerte.

Una vez las empresas salen a bolsa emiten acciones. Las acciones son las partes en las que se divide el capital de una empresa. Por ello, cuando compramos una acción en realidad estamos adquiriendo una parte de esta empresa y nos convertimos así en dueños de una porción de la compañía.

El precio de una acción lo regula el mercado y su oferta de compraventa. En él influyen muchas cosas, desde la reputación de la empresa y los resultados publicados (todas las empresas que cotizan en bolsa tienen la obligación de presentar sus cuentas de resultados de forma periódica), hasta sus planes futuros.

Como veíamos antes, tenemos dos formas fundamentales de ganar dinero al comprar acciones, bien por las plusvalías o bien por los dividendos.

Ahora, dado que no todas las empresas son iguales, tampoco todas las acciones lo son ni se comportan igual ante los diferentes cambios del mercado. Para comprender mejor las diferencias entre unas acciones y otras, vamos a hablar de seis tipos de acciones distintas:

Blue-chips: Empresas muy grandes que se encuentran muy asentadas en su sector. Son inversiones óptimas para el largo plazo y consiguen disminuir el riesgo de nuestra cartera.

Growths: Empresas con muchas expectativas de crecimiento y altos beneficios.

Dividendos: Empresas con alto reparto de dividendos de forma periódica.

Cíclicas: Empresas como las relacionadas con el turismo, que cuentan con gran variación ante los diferentes ciclos económicos.

Defensivas: Se trata de empresas de sectores «imprescindibles», como, por ejemplo, la alimentación, que se mantienen muy estables ante casi cualquier situación.

Especulativas: Empresas con proyectos interesantes de futuro, pero aún con escasos resultados. Cuentan con un beneficio potencial más alto, pero también con un mayor riesgo.

Existen muchas formas de clasificar las acciones, aunque la mayoría de ellas se basan en la volatilidad (cambio de precio) de las mismas y en sus expectativas de crecimiento futuro, así como en la manera en la que típicamente se comportan ante crisis o situaciones desfavorables.

A la hora de construir una cartera de inversión, es recomendable que contemos con un equilibrio entre los diferentes tipos de acciones, para asegurar que ésta se mantiene estable ante distintas situaciones.

En cualquier caso, antes de comprar una acción, **resulta imprescindible realizar un análisis con el que determinar si se trata de una empresa en la que merece la pena invertir y si es ahora el momento óptimo para hacerlo.**

Esto lo haremos mediante el análisis técnico y el análisis fundamental. Cuando comenzamos a aprender cómo realizar este estudio, nos damos cuenta de que nos adentramos en un mundo gigantesco. Hay tantos indicadores, tantas variables diferentes, que resultaría imposible aprenderlas todas. Y ante esto, muchas personas entran en la conocida *parálisis por análisis*: cuando parece tan complicado que acabamos sin hacer nada.

Pero recuerda, mejor hecho que perfecto. Resulta mucho más eficiente tener un esquema claro de los pasos que seguir y hacerlos de la forma más rápida posible, que bloquearnos ante la multitud de datos que podemos encontrar y acabar sin hacer nada. Por eso, a continuación vamos a ver de forma breve cómo podemos llevar a cabo estos dos tipos de análisis.

Antes de comenzar debo advertirte que este punto daría para un libro completo. Sin embargo, mi intención no es darte un centenar de datos técnicos que no sepas cómo aplicar, sino proporcionarte una pequeña guía para que puedas hacer esta valoración de forma sencilla y práctica en menos de diez minutos.

Análisis fundamental

El análisis fundamental se basa en analizar el valor real del activo, teniendo en cuenta el análisis de los resultados de la empresa, así como otros factores externos como la evolución del sector y sus perspectivas de crecimiento a largo plazo. La intención del análisis fundamental es determinar si la acción supone una buena oportunidad de inversión a largo plazo y si su precio de cotización actual es inferior o superior al que debería, es decir, trata de identificar cuándo las empresas se encuentran infravaloradas o sobrevaloradas.

Dentro de este análisis fundamental también englobamos el

análisis de las noticias sobre la empresa, tendencias de crecimiento y proyectos futuros, tanto de la empresa como del sector.

Una de las cosas que necesitamos para crear este análisis es contar con la cuenta de resultados de la empresa. Como adelantábamos antes, todas las empresas que cotizan en bolsa tienen la obligación de forma periódica de hacer públicas sus cuentas de resultados, y en ellas vamos a encontrar multitud de ratios financieros que nos pueden servir para analizar de forma sencilla la solvencia, la situación actual de la empresa y si la acción está o no barata. Acceder a estos datos resulta bastante sencillo, tanto en la web de la empresa como en las distintas plataformas de inversión podrás descargar de forma gratuita estos informes. Veamos algunos de los principales indicadores que podemos encontrar en ellos:

RATIO	CÁLCULO	INDICA	VALOR DESEABLE	
RATIO PER	Cotización/ BPA[10]	Cuántos años tardaré en doblar mi inversión	8-15	Cuanto más bajo, mejor
RATIO DE SOLVENCIA	Activo / Pasivo	Capacidad de la empresa de hacer frente a sus deudas a largo plazo	>1	Valor óptimo >1,5
TEST ÁCIDO	Activo circulante /Pasivo circulante	Capacidad de la empresa de hacer frente a sus deudas a corto plazo	1-1,5	Más de 1,5 en este caso no es positivo
RATIO DE ENDEUDAMIENTO	(Deuda total/ Fondos propios) *100	Nivel de deuda de la empresa	40-60 %	

10. BPA= beneficio por acción. Este dato lo encontramos también en la hoja de resultados.

A pesar de que la interpretación de estos ratios pueda parecer algo muy sencillo, en realidad esto no siempre es así. En la tabla anterior veríamos algunos rangos estándar en los que se deberían encontrar estos ratios, sin embargo, esto es muy variable de un tipo de empresas a otro. Por ejemplo, no tendría sentido pedirle la misma deuda o la misma rentabilidad a una *start-up* que a una multinacional asentada. Por ello, siempre tenemos que comparar estos ratios con los resultados medios de su sector o su industria, así como saber en qué situación se encuentra la empresa (si está invirtiendo mucho en I+D, si acaba de realizar cambios importantes y por eso se ha endeudado más, etcétera).

Por eso, si queremos realizar un buen análisis fundamental, además de mirar las cuentas de resultados y analizar los diferentes ratios financieros, resulta importante leer sobre la empresa, las noticias publicadas en prensa sobre sus proyectos futuros y también analizar de cerca la evolución del sector.

Análisis técnico

El análisis técnico nos ayuda a intentar predecir qué movimiento hará el precio en función del estudio de los gráficos. Cuando lo utilizamos para la inversión a largo plazo, nos ayuda a identificar cuál es el mejor momento de compra.

A pesar de que, al igual que nos ocurría con el análisis fundamental, el análisis técnico es un mundo enorme, siguen existiendo multitud de maneras de predecir el movimiento del precio en base a la interpretación de figuras, velas e indicadores. Cuando se trata de la inversión a largo plazo la realidad es que no es necesario profundizar tanto.

Ahora bien, si quieres ser un experto en análisis técnico o hacer *trading* (un tipo de inversión a muy corto plazo en el que generalmente las operaciones se abren y se cierran dentro de la misma sesión) te recomiendo que te formes mucho con respecto a este tema. Pero si éste no es tu caso, y por el contrario estás interesado en la inversión a largo plazo, algunas de las cosas más importantes que debes conocer con respecto a este análisis técnico son las tendencias y los soportes y resistencias.

La tendencias son la trayectoria que siguen los precios. En ocasiones se ve cómo el precio de alguna acción no deja de caer, en cuyo caso hablaremos de tendencias bajistas, por el contrario, encontramos otras cuyo precio sube de forma constante, encontrándonos ante una tendencia alcista. Por último, cuando el precio prácticamente no varía hablamos de tendencias laterales.

Identificar tendencias, especialmente en el largo plazo, resulta bastante sencillo, bastará con que eches un vistazo a la evolución del gráfico de precios.

Hay dos cosas que deberíamos tener en cuenta en este punto, la primera fijarnos siempre en plazos temporales razonables. Si estás invirtiendo con vistas a diez años de nada servirá que prestes atención a las tendencias que se forman en un día. Además, recuerda que invertir a favor de la tendencia es ir con los ganadores, intentar ser más listo que el mercado no suele acabar bien.

Por su parte, los soportes y las resistencias representan los rangos de precios en los que se mueve una acción.

El soporte es el límite inferior, un nivel en el que cada vez que el precio toca, rebota hacia arriba. Podemos decir que se trata del nivel que el mercado ha identificado como *barato*. Por tanto, cuando se alcanza, los inversores lo ven como buena oportunidad de compra, entrando de nuevo en este activo y haciendo que el precio vaya de nuevo al alza.

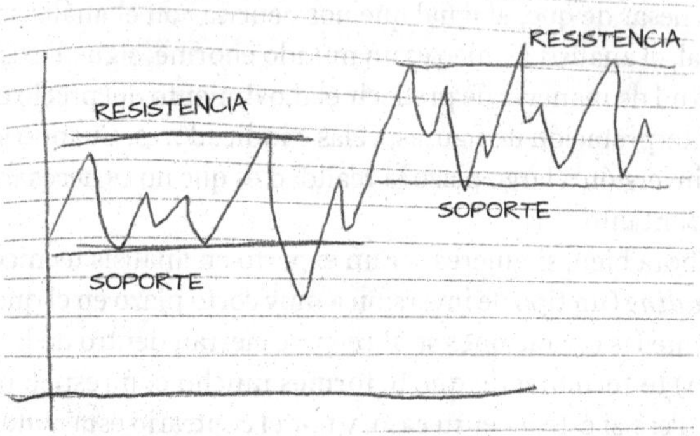

La resistencia por su parte es el rango superior de este precio, se trata del nivel de precios que cuando se alcanza, suele rebotar hacia abajo. Es el nivel que se concibe por parte de los inversores como *caro*. Por eso, cuando se toca, típicamente aparecen muchos inversores dispuestos a vender y con ello el precio cae.

Cuando se rompen los soportes y las resistencias pueden ser indicativos de nuevas tendencias de precios, ya que al salir de ese nivel de precios se genera una nueva banda de precios.

Los fondos de inversión

En esta parte vamos a analizar uno de los productos de inversión que probablemente resulten más interesantes para un inversor principiante: los fondos de inversión.

Un fondo de inversión es lo que se conoce como una institución de inversión colectiva. Explicado de forma sencilla, podemos verlo como un grupo de inversores que se juntan para invertir de forma conjunta en un grupo de activos. Esta inversión colectiva permite obtener algunas ventajas fiscales (que veremos a continuación) y, sobre todo, incrementar la diversificación, teniendo la posibilidad de invertir en un conjunto de activos mucho mayores a si lo hiciéramos solos. Así, cada inversor ganará de forma proporcional al dinero invertido, todo esto por supuesto bajo un marco regulatorio.

Una de las ventajas de un fondo de inversión es que son productos totalmente líquidos, en cualquier momento podrás deshacer tu inversión, independientemente del tiempo que haya pasado desde la compra. Es decir, cuando pones dinero en un fondo no tienes obligación de mantener esta inversión durante un tiempo determinado, como sí ocurre con otros productos financieros.

Las principales ventajas de los fondos de inversión son:

Ventajas fiscales. Aunque en términos de tributación actualmente en España los fondos no ofrecen ninguna ventaja de cara a su fiscalidad, sí cuentan con un beneficio que no debemos pasar por alto. Podemos traspasar nuestro dinero de fondo a fondo sin tributar las plusvalías. Por ejemplo, si invertiste 1.000 euros en un fondo indexado al Ibex 35 y su valor actual es de 1.200 euros, y decides que ha llegado el momento de cerrar esta inversión y comenzar a invertir en un fondo indexado del índice S&P500, podrías hacer un traspaso directo entre fondos, ahorrándote así el pago de impuestos por los 200 euros de beneficios generados.

Diversificación. Sin duda, la gran ventaja de los fondos es la diversificación que consigues. Imagina que quisieras comprar todas las empresas del índice americano S&P 500. Para la gran mayoría de personas resultaría imposible debido al altísimo coste que supondría. Sin embargo, a través de un fondo puedes comprar el índice (u otro grupo de activos) desde muy poco dinero, algunos de ellos desde 50 euros. De esta manera, a pesar de invertir pequeñas cantidades, nos aseguramos una buena diversificación.

Ahorro en el cobro de dividendos. Como veíamos antes, uno de los principales problemas de los dividendos lo encontramos ante el hecho de que cada vez que los cobramos, debemos pagar los impuestos correspondientes, lo que nos genera la pérdida de una parte de nuestros beneficios. Siempre que utilizamos fondos de inversión de acumulación (que acumulan dividendos en lugar de repartirlos) éstos reinvierten directamente los dividendos, lo que nos evita este pago de impuestos y nos ayuda a aprovechar mejor el efecto del interés compuesto.

La mayoría permiten hacer **aportaciones periódicas** al no tener comisión de compra. La gran mayoría de fondos de inversión no cobran comisión por realizar las aportaciones de capital, sino una comisión anual por mantenimiento. Esto hace que estos productos resulten especialmente prácticos a la hora de hacer aportaciones de forma periódica. Si por ejemplo, dentro de nuestra estrategia de inversión quisiéramos invertir 100 euros cada mes, tendría poco sentido hacerlo en acciones que te cobran 5 o 10 euros por comisión de compra. Sin embargo, utilizando un fondo podemos invertir cualquier cantidad, con mínimos muy bajos (generalmente en torno a unos 50 euros) y sin gastos de comisiones.

Como hemos visto hasta ahora, los fondos de inversión son productos financieros que si bien resultan óptimos para inversores principiantes por sus ventajas y su sencillez, son recomendables para completar casi cualquier tipo de cartera de inversión. Ahora bien, el concepto de fondos de inversión es muy amplio, y dentro de éstos podemos encontrar multitud de tipos de fondos, y no todos ellos igual de interesantes.

Fondos de renta fija versus fondos de renta variable

Si los miramos en función del tipo de activo en el que inviertan encontramos:

Fondos de renta fija: Invierten la mayor parte del patrimonio del fondo en instrumentos de renta fija, como títulos de bonos, letras del tesoro o deuda de empresas entre otros. Son un producto muy conservador que ofrece cierta «seguridad» a medio y largo plazo, pero donde la rentabilidad esperable suele ser muy baja (a veces, incluso inferior a la inflación).

Fondos de renta variable: Se trata de un fondo cuyo patrimonio está invertido en instrumentos de renta variable como las acciones.

Fondos de renta mixta: Combinan la inversión en renta fija con la inversión en renta variable.

La renta fija cuenta con la ventaja de que conocemos de antemano la rentabilidad esperable, pero la gran desventaja es que esa certidumbre nos suele salir muy cara, ya que la rentabilidad promedio de la renta fija, en comparación con la variable, suele ser muy baja.

Gestión activa versus gestión pasiva

> Batir al mercado es inevitablemente un juego de perdedores.
>
> John Bogle

Pero, sin duda, si hay algo que marca la diferencia cuando se trata de invertir en fondos de inversión, es el tipo de gestión de éste. Aquí encontramos dos tipos, los de gestión activa y los fondos indexados o de gestión pasiva:

La **gestión activa** es el tipo de gestión más común en los fondos. Son aquellos administrados por gestores profesionales, los cuales eligen de forma activa los valores que compondrán ese fondo. El objetivo final de estos fondos siempre será batir el *benchmark*, es decir, superar la rentabilidad del índice de referencia.

La **gestión pasiva,** por el contrario, se basa en replicar de forma exacta el comportamiento de un índice. Por ello ante esto los gestores no tienen que elegir qué activos formarán parte de la cartera, sino comprar los mismos que componen el índice y en la misma proporción.

Como ves, el papel de los gestores de fondos en ambos tipos es muy diferente. Mientras en los fondos de gestión activa juegan un papel crucial, en los de gestión pasiva esta tarea se realiza en automático. Por ello también hay una diferencia significativa en cuanto a las comisiones que pagas, y es aquí donde está la verdadera clave. Mientras los fondos de gestión activa cargan comisiones de en torno a un 1,5 y un 2 por ciento anual, la gestión pasiva lo hace de un 0,25 a un 0,40 por ciento. Aunque estas diferencias *a priori* no parezcan tan grandes, influyen y mucho cuando se trata del largo plazo. Veámoslo con un ejemplo:

Imagina que invertimos 100 euros al mes durante cuarenta años a través de dos fondos de inversión distintos. El primero es un fondo de gestión activa, cuya comisión anual es del 1,5 por ciento, mientras que el segundo se trata de un fondo de gestión pasiva con unas comisiones anuales del 0,3 por ciento.

Si suponemos la misma rentabilidad, 1 por ciento, éstos serían los resultados después de cuarenta años:

	COMISIÓN DEL 1,5 %	COMISIÓN DEL 0,3 %
Año 10	1.245,87 €	18.457,80 €
Año 20	49.618,74 €	57.213,64 €
Año 30	110.387, 08 €	138.589,22 €
Año 40	224.457,59 €	309.453,44 €

Como vemos, ante el mismo plazo temporal, la misma inversión y la misma rentabilidad, una diferencia de 1,2 puntos en las comisiones acaba suponiendo en el largo plazo una diferencia de casi 85.000 euros, nada despreciable.

Claro que el objetivo de la gestión activa no es igualar la rentabilidad del índice, sino superarla. Lo cual hace que sobre el papel tenga sentido pagar una comisión un poco mayor, a cambio de una mejor rentabilidad. Sin embargo, cuando analizamos históricamente qué ocurre con la gestión activa en comparación con la gestión pasiva, encontramos que la gran mayoría de las veces esto no se cumple.

Jack R. Meyer, antiguo presidente de la Harvard Management Company, un inversor considerado por algunos como un genio, que consiguió triplicar el fondo para dotaciones de la Universidad de Harvard, pasando de 8.000 millones de dólares hasta 27.000 millones de dólares durante su tiempo de trabajo allí, hizo la siguiente declaración durante una entrevista para la revista *Business Week*:[11] «El negocio de las inversiones es un timo gigantesco. La mayoría de la gente piensa que puede encontrar gestores que obtengan un alto rendimiento, sin embargo, se equivoca. Puedo asegurar que entre el 85 y el 90 por ciento de los gestores no empata con sus índices de referencia».

Jack R. Meyer no parece ser el único inversor profesional que apoya la teoría de que la gestión activa es peor opción para el inversor particular que la gestión pasiva. Otros grandes inversores como Warren Buffett, Charlie Munger o John Bogle se han mostrado en repetidas ocasiones partidarios de la inversión pasiva a través de fondos de inversión indexados.

De hecho, Robert Arnot, fundador de Research Affiliates, llevó a cabo uno de los mayores estudios sobre fondos de inversión que se han realizado. Durante quince años (en el período de 1984-1998) hizo un seguimiento de los 203 fondos de gestión activa con mayor capitalización de EE. UU., todos ellos contaban con un patrimonio superior a los 100 millones de dólares. El resultado de este estudio fue claro: sólo 8 de 203 fondos consiguieron superar al índice de referencia, el S&P500, lo que supone menos de un 4 por ciento de los fondos.

Si quieres ver datos más actuales y clasificados por diferentes países o continentes sobre el comportamiento de la gestión pasiva con relación a la gestión activa, podemos consultar datos como el estudio SPIVA, que se publica de forma periódica y realiza una

11. *Businessweek*, «Online Extra: Husbanding That $27 Billion (extended)», 27 de diciembre de 2004. Disponible en: <https://www.bloomberg.com/news/articles/2004-12-26/online-extra-husbanding-that-27-billion-extended>.

comparativa entre el comportamiento medio de los fondos de gestión pasiva en relación con los de gestión activa.

En cualquier caso, el resultado de todos los estudios, especialmente a largo plazo (cuando miramos períodos superiores a diez años), es claro: la mejor opción para el inversor minorista es decantarse por la gestión pasiva, utilizando para ello fondos de inversión indexados.

Como particulares podemos acceder a este tipo de fondos a través de varias vías. En primer lugar, los podemos comprar directamente a través de bancos de inversión, cosa que no siempre resulta sencilla, puesto que la gran mayoría de bancos no los ofrecen, dado que las bajas comisiones repercuten en menor cantidad de ganancias para ellos. Sin embargo, si buscamos, encontraremos buenas opciones. O bien lo podemos hacer a través de productos como ETFs o *robo-advisor*, que resultan algo más comunes y fáciles de encontrar. A continuación veremos cómo funcionan.

Te recuerdo que si te has registrado en <https://celiarubio.com/libro> recibirás guías actualizadas para mostrarte las diferentes opciones para invertir en este tipo de productos, con las ventajas e inconvenientes de cada una.

Robo-advisor

Una de las formas de inversión que más popularidad está ganando en los últimos años son los *robo-advisor*.

La palabra *robo-advisor* procede del inglés *robo* (robot) y *advisor* (asesor), por lo que podemos decir que se trata de un «asesor robotizado o automático». Lo que hacemos a través de este instrumento es crear una cartera de inversión de forma automática.

Generalmente estas carteras de inversión están compuestas por varios fondos de inversión indexados y combinan distintos tipos (renta fija, renta variable, países emergentes, etc.), convirtiéndolos en productos altamente diversificados.

La gran ventaja de estos productos, y en parte la razón de su popularidad, es que te permiten crear una cartera de inversión diversificada y adaptada a tu nivel de riesgo de forma automática con comisiones que no superan el 0,5 por ciento —cosa que antes sólo se podía conseguir con la ayuda de asesores financieros que utilizaban software de gestión de patrimonios, con comisiones de entre el uno y el 3 por ciento.

Proceso de inversión a través de robo-advisor

Los *robo-advisor* se comercializan al igual que otros productos financieros a través de bancos de inversión (aunque no todos los ofrezcan). El proceso clásico para invertir a través de estas plataformas es el siguiente:

Realizar un test al inversor en el que se determina el nivel de riesgo del mismo, sus objetivos financieros, y se evalúan sus conocimientos financieros previos.

En función de los resultados, se sugiere una cartera adaptada a las características particulares del inversor.

El inversor comienza a hacer aportaciones, puntuales o periódicas, y el *robo-advisor* se encarga del resto, realizando rebalanceos periódicos y optimizando la inversión mediante diferentes algoritmos.

Recordemos: todo ello utilizando siempre instrumentos de gestión pasiva para asegurar las mínimas comisiones posibles.

ETFs

Los ETFs son instrumentos sencillos de utilizar y con comisiones muy bajas, lo que ha hecho que se conviertan en uno de los instrumentos más utilizados para la inversión pasiva.

La palabra *ETF* es un acrónimo de *Exchange Traded Fund*, lo que podríamos traducir como fondo cotizado. Y es justo así como funciona. Los ETFs cotizan como títulos bursátiles, es decir, como si fueran una acción normal y pueden comprarse y venderse en el momento de la misma forma que las acciones.

En cuanto a la fiscalidad, también tributarán de la misma manera que una acción, por ello no cuentan con las ventajas de los fondos de inversión en cuanto a los traspasos entre fondos exentos de tributación.

Cuando hablamos de ETFs, podemos encontrar diferentes tipos, de hecho, existen más de cinco mil ETFs comercializados. Para acceder a ellos, deberás hacerlo a través de un bróker (igual que cuando hablábamos acerca de comprar acciones), puedes consultar la lista de ETFs disponibles en la plataforma de inversión que utilices, pero siempre que estés pensando en invertir en uno de los principales índices bursátiles, no te será complicado encontrar un ETF que lo replique.

Existen algunos tipos de ETFs que merece la pena conocer:

ETFs directo o inverso: Para muchos inversores, una de las ventajas de los ETFs es que te permiten invertir a la baja, es decir, de forma contraria al índice. De tal manera que si el índice cae, el fondo subirá. Aunque este tipo de ETFs puedan resultar útiles en algunas situaciones concretas (en especial, ante fuertes caídas de mercados), son productos complejos, no aptos para la mayoría de los inversores.

ETFs de acumulación o distribución: En este caso la clasificación de los ETFs se hace en función de qué ocurre con los dividendos. Los ETFs de acumulación, acumulan los dividendos y los reinsertan (así no tenemos que tributar las ganancias), mientras que los de distribución, reparten los dividendos.

Además, de la misma manera que ocurría con los fondos de inversión, podemos encontrar ETFs de renta fija, renta variable, materias primas... en función del tipo de índices que replique.

En definitiva, los ETFs son productos sencillos de utilizar —puesto que los podrás adquirir y vender de la misma manera que una acción— y que además pueden suponer una buena alternativa de inversión para utilizar la gestión pasiva en aquellos países con dificultad para acceder a fondos de inversión indexados por otros medios.

Criptomonedas

Para comenzar a hablar de criptomonedas y de cómo funciona la inversión en este tipo de activos, es necesario ver un poco de historia y aprender el origen y el porqué de su creación.

Bitcoin: la primera criptomoneda

La primera vez que se habló de *bitcoin* fue el 31 de octubre de 2008, en un documento llamado «Bitcoin: A peer-to-peer Electronic Cash System». Este documento fue enviado por Satoshi Nakamoto a través de una lista de correo de criptografía. En realidad, este nombre es un pseudónimo y nadie sabe la identidad real del verdadero creador del bitcoin, y es el motivo por el que sólo podemos dar una respuesta a medias sobre su creación.

En dicho documento se detallaba la tecnología en la que el bitcoin se iba a basar para operar, así como la política monetaria de esta nueva forma de dinero, definiendo las reglas de creación y distribución de la misma.

Meses después, Nakamoto publicó el software del bitcoin con código abierto. Lo que significaba que cualquier usuario del mundo podía descargarse el software a través del cual validar las transacciones que se realizaban con bitcoins. Fue así como se comenzó a popularizar la minería de criptomonedas que explicaremos un poco más adelante.

¿Qué es la tecnología blockchain?

Para entender mejor el funcionamiento del bitcoin y de otros tipos de criptomonedas, tenemos que comprender qué es la tecnología *blockchain* en la que se basan y cómo funciona.

El *blockchain* o cadena de bloques es un registro de información único, consensuado y distribuido en varios nodos de una red. Esta tecnología de cadenas de bloques encriptados criptográficamente apareció mucho antes de la creación del bitcoin, de hecho, el primer dato que tenemos sobre ella se remonta a 1991.

Cada uno de los bloques de esta cadena almacena información sobre registros de transacciones validadas, información referente a ese bloque y lo que se conoce como *hash*: una huella que sirve como vinculación con el bloque siguiente y el anterior. Esto hace que los bloques dentro de esta cadena sean inamovibles.

Esta cadena se almacena en los nodos —una red mundial de ordenadores—, que trabajan de forma descentralizada —P2P:

peer-to-peer—. Cada nodo contiene una copia completa de la cadena de bloques, lo que hace que esta red sea totalmente segura, ya que para modificar la información de uno de los bloques, se tendrían que modificar todos los nodos que forman este sistema, lo cual resultaría prácticamente imposible.

Este ejemplo sacado del blog de Pablo Herreros, autor de *Sé transparente y te lloverán clientes*[12] y *El poder es de las personas*,[13] representa bien el poder de esta tecnología:

> Un lunes de examen, cuatro alumnos aparecen en clase sin haber estudiado y se inventan una historia. Le cuentan al profesor que, volviendo de una boda celebrada el día anterior, tuvieron un accidente. Ellos salieron ilesos, pero pasaron la noche en el hospital con sus amigos heridos. El profesor, comprensivo, les dice que les pondrá el examen al cabo de unos días, cuando se les haya pasado el *shock* del accidente y estén más concentrados.
>
> El día del examen, habiendo ya estudiado, se presentan ante el profesor, que los coloca en cuatro clases separadas, les quita los móviles y les pone a los cuatro el mismo examen de cuatro preguntas:
>
> ¿Quién se casaba?
> ¿A qué hora fue el accidente?
> ¿Marca y modelo del coche en el que ibais?
> ¿Nombre de los amigos heridos?
>
> Nota: Si contestáis todos igual a las preguntas, tendréis un sobresaliente.

Así funciona la descentralización del bitcoin. Dado que cada uno de los nodos de este sistema contiene una copia exacta de esta cadena, si pretendemos modificarla, tendríamos que hacerlo con cada uno de los nodos —o siguiendo con el ejemplo anterior,

12. Herreros Laviña, P., *Sé transparente y te lloverán clientes*, Alienta Editorial, Madrid, 2018.

13. Herreros Laviña, P., *El poder es de las personas*, Léeme, Alcalá de Henares, 2013.

con cada uno de los exámenes—. De lo contrario será imposible validar la veracidad de esa información.

El método para añadir nueva información a esta cadena de bloques se conoce como consenso. Todos los nodos se ponen de acuerdo para validar dicha información mediante métodos criptográficos, de tal forma que siempre antes de introducir la información a esta cadena, se verifica la autenticidad de la misma.

¿Qué son las criptomonedas?

A pesar de que la tecnología *blockchain* tiene múltiples aplicaciones —banca, salud, contratos inteligentes y una larguísima lista—, vamos a centrarnos ahora en las que nos servirán como activos financieros: las criptomonedas.

Las criptomonedas son un tipo de activo digital que emplea un cifrado criptográfico para garantizar su titularidad y asegurar la integridad de las transacciones. Además, esta tecnología evita que se puedan producir posibles fraudes como las falsificaciones de dinero que ocurren con el dinero fíat —o dinero fiduciario, del que ya hemos hablado—, puesto que se basan en el uso de la tecnología *blockchain* que comentábamos antes.

Éstas, a diferencia de las monedas tradicionales, no existen en su forma física, sólo en digital, y se almacenan en una cartera/monedero digital o *wallet*.

¿Cómo funcionan las criptomonedas?

El funcionamientos de las criptomonedas difiere mucho a lo que conocemos en cuanto al funcionamiento del resto de formas de dinero fíat.

La principal de estas diferencias es la **descentralización**. Es decir, las criptomonedas no están reguladas ni controladas por ninguna institución central —como los bancos centrales en el caso del dinero tradicional—, y no requieren de intermediaros como bancos comerciales para realizar sus transacciones.

Esta independencia se hace posible gracias a la tecnología

blockchain que explicábamos antes. El uso de ésta les aporta un elevado grado de seguridad evitando, por ejemplo, que un mismo activo digital se pueda transferir en dos ocasiones o que sea falsificado.

La tecnología *blockchain* funciona como un gran libro de contabilidad donde se pueden registrar y almacenar cantidades inmensas de información. Toda ella está compartida en la red y protegida de tal forma que todos los datos que alberga no se pueden alterar ni eliminar, lo que los convierte en activos difícilmente hackeables.

¿Cómo puedo comprar criptomonedas?

De la misma forma que para recibir tu nómina, pagar con tarjeta de crédito o solicitar un préstamo, es necesario utilizar un banco comercial, o para comprar acciones o fondos de inversión requerimos de un banco de inversión; a la hora de comprar o vender criptomonedas necesitamos hacerlo a través de un *exchange*.

Los *exchange* son plataformas online que te permiten adquirir y vender criptomonedas. Es importante saber que los precios de las criptomonedas, como la mayoría de los activos financieros, se regulan según la ley de oferta y demanda, es decir, según las órdenes de compra y venta de esa criptomoneda, con la particularidad de que se trata de un mercado no regulado (no hay instituciones como la CNMV que regulen la información acerca de este producto u obliguen a los grandes inversores a hacer públicos sus movimientos). Además, se trata de un mercado continuo que está activo veinticuatro horas, siete días a la semana.

En este punto resulta especialmente importante estar alerta y asegurarnos de que sólo utilizamos servidores *(exchange)* fiables para operar. Las criptomonedas no cuentan con el respaldo de un banco central u otras autoridades públicas y no están cubiertas por mecanismos de protección al cliente como el Fondo de Garantía de Depósitos o el Fondo de Garantía de Inversores. Por ello, operar sólo a través de *exchange* de confianza es de vital importancia.

¿Dónde almacenar mis criptomonedas?

Se estima que actualmente hay en torno a 3,7 millones de bitcoins perdidos. Personas que formatearon ordenadores, claves olvidadas, discos duros que acabaron en la basura, etcétera.

Por ello, una vez hemos comprado criptomonedas, es importante que decidamos dónde almacenarlas. Recuerda que elegir bien y hacerlo en un lugar seguro es clave, ya que en caso de pérdida será imposible recuperarlas.

Las criptomonedas, como comentábamos antes, se almacenan en monederos o *wallets*. Existen monederos de dos tipos: monederos calientes y monederos fríos.

El **monedero caliente,** o *hot wallet*, es un software que gestiona y guarda las claves digitales (necesarias para operar con tus criptomonedas), a través de una aplicación, ya sea en un ordenador, un móvil o en línea. Por tanto, están conectadas a internet.

Cuando abrimos una cuenta en un *exchange*, la mayoría ofrecen sus *hot wallets*, con los que almacenar ahí nuestras criptomonedas (*hot wallet* en línea).

Por su parte, el monedero frío es un dispositivo externo donde se almacenan las claves sin conexión a internet. La versión más conocida son los hardware externos, dispositivos similares en aspecto a un USB. En éstos las transacciones se hacen en línea, pero sin conexión a internet, lo que otorga mayor seguridad al protegerla de posibles hackeos.

Además, dentro de las billeteras en frío también existen las *paper wallets* o billeteras de papel, que consisten en un software que te permite imprimir las claves y los accesos de tus criptomonedas para así guardarlas en formato físico.

Por lo tanto, la **principal diferencia** es que los monederos calientes están conectados a internet, lo que permite mayor agilidad para realizar transacciones, pero también las hace más vulnerables a los ataques. Mientras que los monederos fríos no están conectados a internet, lo que ofrece mayor nivel de seguridad.

Tipos de criptomonedas

Además del bitcoin, del que hablábamos al comienzo, existen otras muchas criptomonedas, de hecho, se estima que ahora mismo existen alrededor de nueve mil criptomonedas diferentes. Sin embargo, aunque la inversión en criptomonedas pueda ser muy interesante de cara a futuro, esto no significa que toda criptomoneda sea una buena opción (al igual que ocurre con fondos de inversión o acciones).

Por ello, antes de comprar una criptomoneda es especialmente importante que analices el proyecto que hay detrás, los datos fundamentales de la empresa y algo de vital importancia: la utilidad del *token* dentro de ese proyecto. Esto último es algo que en muchas ocasiones se nos olvida, pero cabe recordar que a diferencia de cuando, por ejemplo, invertimos en acciones, al comprar una criptomoneda no estamos adquiriendo una parte de la empresa. Por ello el valor de la criptomoneda siempre estará determinado, entre otras cosas, por la utilidad de esa criptomoneda dentro del proyecto.

Seguros de ahorro

Cuando se trata de seguros, además de los conocidos seguros de coche, de hogar, de salud, etc., tenemos otro tipo de seguros, seguros que actúan como instrumentos financieros. Son los llamados seguros de ahorro-inversión.

Los seguros de ahorro y de inversión son seguros de vida que aseguran un capital o una renta determinada al momento de su vencimiento, de tal manera que si la persona que lo contrata alcanza dicha edad, tendrá derecho a recibir este dinero.

Existen muchos tipos: planes de previsión asegurados, planes individuales de ahorro sistemático, de capital diferido, de rentas, de renta vitalicia sobre el inmueble, planes de ahorro a largo plazo, etcétera. Dentro de este grupo uno de los más conocidos y utilizados en España son los planes PIAS.

PIAS: Plan individualizado de ahorro sistemático

En términos financieros, podríamos decir que los PIAS son bastante similares en cuanto a su funcionamiento a un plan de pensiones, puesto que tienen la finalidad de ir construyendo un ahorro que sirva como complemento a la pensión y que cobraremos en forma de renta. Como decíamos, se trata de un tipo de seguro, por tanto, durante años irás pagando una prima a una aseguradora (ésta puede ser en forma de aportaciones periódicas o puntuales), y la aseguradora se compromete a devolverte el dinero con sus correspondientes intereses —ya sean positivos o negativos—, en el momento de tu jubilación.

La principal diferencia con el plan de pensiones tradicional radica en el tratamiento fiscal de ambos productos. Como veremos a continuación, los planes de pensiones ofrecen ciertas ventajas a la hora de realizar las aportaciones, pero no en el momento del rescate. Los PIAS, por el contrario, no ofrecen ventajas para su contratación, pero sí en el momento del rescate del plan.

Las características de los PIAS son:

Puedes retirar tu dinero desde el año uno —con posibles penalizaciones—, pero para aprovecharte de beneficios fiscales, deberás hacerlo a partir de los cinco años.

Aportación máxima de 8.000 euros al año y de 240.000 euros en total.

No todos los PIAS aseguran una rentabilidad mínima o garantizan tu capital. Sólo aquellos que lo especifiquen —que generalmente serán los que invierten en renta fija.

A mayor capital garantizado, menor será la rentabilidad.

Para aprovecharte de ventajas fiscales, deberás retirar tu dinero a partir del año cinco y en forma de renta vitalicia. Esto es importante: si recuperas todo el dinero de golpe no tendrás estas ventajas.

Ventajas fiscales: tributan como rendimientos del capital mobiliario, pero sólo lo hacemos con una parte de nuestro dinero.

Para el año 2017 y sucesivos				
Edad del preceptor de la renta	%tributación como Rendimientos del Capital Mobiliario (RCM)	%tributación real sobre el rendimiento		
		Al 19% los primeros 6.000 €	Al 21% el tramo de 6.001 € hasta 50.000 €	Al 23% desde 50.001 € en adelante
Menos de 40 años	40%	7,60%	8,40%	9,20%
Entre 40 y 49 años	35%	6,65%	7,35%	8,05%
Entre 50 y 59 años	28%	5,32%	5,88%	6,44%
Entre 60 y 65 años	24%	4,56%	5,04%	5,52%
Entre 66 y 69 años	20%	3,80%	4,20%	4,60%
Más de 70	8%	1,52%	1,68%	1,84%

Fuente: <https://www.elenabeser.com>.

Si retiras tu dinero antes de los primeros cinco años, puedes estar sujeto a penalizaciones que te hagan incluso recuperar menos que el dinero aportado.

Comisiones generalmente altas (comisiones de entrada, de gestión, de salida, de suscripción, etc.), normalmente entre un 1 y más del 2 por ciento anual. Algunos PIAS te cobran bajas comisiones de gestión, en torno a un 0,5 por ciento, pero los primeros años de vida se quedan con aproximadamente la mitad de cada una de tus aportaciones.

Por tanto, se trata de un producto en el cual vas haciendo una serie de aportaciones que posteriormente, al igual que ocurría con los fondos de gestión activa, un grupo de gestores profesionales invertirá para intentar obtener un beneficio, y que cuenta con la ventaja de que, si sacamos el dinero como renta —es decir, acordando una cantidad de dinero que cobrarás mes a mes—, presentan ciertas ventajas fiscales.

El gran problema de estos planes, además de la falta de libertad que generan, son las comisiones que cobran, las cuales pueden acabar comiéndose la mayor parte de tu rentabilidad. Por ello te aconsejo leer muy bien la letra pequeña del contrato y hacer bien los cálculos antes de contratarlos.

Los planes de pensiones

Antes de entrar de lleno en qué es un plan de pensiones, déjame explicarte algo: su nombre nos lleva a engaño.

Todos necesitamos un plan para cobrar una pensión futura o, lo que es lo mismo, un plan para jubilarnos, ya que como veíamos en uno de los capítulos, hay hechos más que justificados que nos alertan de que el sistema de pensiones públicas no será suficiente como para garantizarnos estabilidad financiera cuando nuestros ingresos activos desaparezcan.

Sin embargo, este plan para nuestra jubilación no tiene por qué ser un «plan de pensiones». Como estamos viendo, tenemos muchas más opciones para invertir de cara a nuestro futuro y ésta no tiene por qué ser la más interesante. Para entender mejor la razón detrás de esto vamos a ver qué es y cómo funciona un plan de pensiones.

Empecemos por el principio, qué es un plan de pensiones.

Un plan de pensiones es un producto de ahorro-inversión a largo plazo que tiene como objetivo que, en el momento en que nos retiremos, podamos tener una renta periódica que sirva como complemento a la pensión pública, algo bastante similar a los PIAS.

Los planes de pensiones se construyen realizando aportaciones de forma puntual o periódica —con un máximo de 2.000 euros/año en el caso de personas individuales, y 8.000 euros para empresas—, y el dinero se puede recuperar a partir del momento en el que te jubilas, con algunas excepciones como incapacidad permanente, enfermedad grave o desempleo de larga duración. A partir de 2025 también se podrán rescatar los planes que tengan más de diez años de duración.

En cualquier caso, una de las principales desventajas de los planes de pensiones es que te condicionan a recuperar tu dinero en un momento determinado. Por ello, si decides utilizar esta vía, asegúrate de no invertir un dinero que pudieras necesitar. Ten en cuenta que este dinero tampoco te serviría como aval a la hora de, por ejemplo, solicitar un préstamo.

¿Cómo son de rentables los planes de pensiones

La gran pregunta con respecto a los planes de pensiones siempre es ¿de verdad son rentables?

Pablo Fernández (profesor de Finanzas del IESE) publica de forma periódica el informe «Rentabilidad de los fondos de pensiones en España».[14] De su última versión publicada, la que corresponde al período 2003-2018, donde analizaba rentabilidad de los fondos de pensiones en España durante este período, se pueden extraer las siguientes conclusiones:

- En dicho período la rentabilidad del IBEX 35 fue del 118 por ciento —con un promedio anual del 5,33 por ciento— y la de los bonos del Estado a quince años, del 95 por ciento —promedio anual del 4,55 por ciento—. Mientras que la rentabilidad media de los fondos de pensiones fue del 38,7 por ciento —promedio anual del 2,11 por ciento.
- De los 385 fondos de pensiones analizados, sólo seis superaron la rentabilidad del IBEX 35 y sólo doce la de los bonos del Estado a quince años.

Además, en este mismo informe podemos ver las diferencias entre los diferentes fondos, que iban desde rentabilidades medias superiores al 7 por ciento anual, a rentabilidades negativas. Sin embargo, cuando analizamos **los quince fondos de pensiones con mayor número de participantes en España, la rentabilidad media de éstos es de un 1,33 por ciento.**

El fracaso en las rentabilidades de los fondos —explicado en parte por las altísimas comisiones que cargan—, además de por la ineficiencia de la gestión activa, no es algo único de España.

En el estudio de Nitzsche, Cuthbertson y O'Sullivan (2006) se muestra una recopilación de los artículos publicados sobre la rentabilidad de los fondos de inversión en EE. UU. y el Reino Unido. Algunas de las principales conclusiones son:

1. Menos de un 5 por ciento de los planes de pensiones que invertían en renta variable tienen una rentabilidad superior a sus *benchmarks*.

14. Fernández, P. y Fernández Asín, J., «Rentabilidad de los fondos de pensiones en España 2003-2018», SSRN, 21 de enero de 2019. Disponible en: <https://papers.ssrn.com/sol3/papers.cfm?abstract_id=3319461#:~:text=Spanish%20Abstract%3A%20En%20el%20periodo,promedio%20anual%202%2C11%25)>.

2. Los planes de pensiones que tenían malos resultados históricos continuaron presentando estos malos resultados.
3. Las comisiones y los gastos tienen una alta importancia en la rentabilidad de los planes de pensiones.
4. En el caso de los planes de pensiones, no parece que el *market timing* (o factor tiempo) consiga mejorar su rentabilidad —en parte por lo expuesto en el punto uno.

Los autores terminan aconsejando a los inversores que inviertan en fondos indexados, en fondos u otros productos de «gestión pasiva». Recomendación a la que me uno.

Ventajas fiscales de los planes de pensiones

Si por algo son conocidos los planes de pensiones es por las supuestas ventajas fiscales que ofrecen.

En España, cuando contratas un plan de pensiones, puedes desgravar la cantidad aportada de la base imponible del IRPF, por ejemplo, si realizas una aportación de 1.000 euros y cuentas con un tipo medio de retención del 24 por ciento «ahorrarás» 240 euros que te serán devueltos en la declaración de la renta. Esta deducción puede ser como máximo de 2.000 euros o el 30 por ciento de los rendimientos del trabajo y otras actividades económicas —el menor de estos valores.

¿Por qué hablábamos de «supuestas» ventajas?

En realidad estas ventajas son sólo un «caramelo» para el corto plazo, ya que en el momento que empieces a retirar tu dinero, tendrás que tributarlo en IRPF como rendimientos del trabajo. Por tanto, considero que no existe tal ventaja, ya que lo que no pagas antes, lo acabas pagando años más tarde.

Conclusiones

La única razón para elegir un plan de pensiones frente a otros productos de inversión podría ser un ahorro fiscal a corto plazo.

Compara muy bien los diferentes planes de pensiones, ya que ofrecen rentabilidades muy distintas.

Pon mucha atención a las comisiones, como hemos visto, juegan un papel crucial y pueden marcar una gran diferencia.

Invierte siempre un dinero que no vayas a necesitar.

Bonos

Los bonos son un instrumento financiero de renta fija que emiten los Gobiernos y empresas de cada país. Se trata de una vía alternativa para conseguir financiación, en este caso pidiendo dinero prestado a un particular.

De alguna manera, cuando adquirimos este tipo de productos, hacemos la misma función que un banco. Éste, cuando alguien le solicita un préstamo, presta el dinero con la condición de que se lo devuelvan en un plazo preacordado y con unos intereses determinados. Por lo general, cuanto mayor es el plazo, mayores serán los intereses que pagar, y cuanto mayor es el riesgo de impago por parte del cliente, mayores serán también dichos intereses.

Los bonos funcionan igual, pero al revés, es decir, nosotros como inversores asumimos el papel del banco, prestándoles dinero a Gobiernos o empresas. Éstos nos devolverán el dinero y los intereses pactados en el plazo acordado. De tal forma que si por ejemplo compras un bono del Estado de España, le estás prestando tu dinero al Gobierno de España, o si lo haces a través de un pagaré de Endesa, le estás haciendo un préstamo a esta compañía.

Entiende los bonos

Para poder analizar bien un bono antes de realizar una inversión necesitamos conocer los tres componentes básicos de los bonos:

Principal, valor nominal o valor par: Es el precio inicial del bono, lo que pagamos por él.

Cupón: Se trata del tipo de interés ofrecido a cambio del bono.

Vencimiento: Plazo temporal acordado para que el emisor nos devuelva el dinero.

¿Cómo de fija es la renta fija ofrecida por los bonos?

A pesar de que el nombre «renta fija» nos hace pensar que nos aseguran un rendimiento fijo, esto no es del todo así. Como comentábamos al principio, los bonos (y las letras, obligaciones, pagarés, etc.) funcionan de la misma manera que los préstamos solicitados al banco, pero a la inversa. Por ello, el tipo de interés que pagan estos productos puede ser fijo (la opción más común) o variable, en este último caso el interés estaría compuesto por una parte fija + euríbor. Por ejemplo, euríbor + 1,5 por ciento.

En cualquier caso, es importante entender que la renta fija de los bonos será fija, es decir, estará garantizada, siempre que los mantengamos hasta su vencimiento.

Por ejemplo, imagina que compramos un bono de 1.000 euros con una rentabilidad del 3 por ciento anual y un vencimiento a dos años.

Manteniéndolo hasta el final de los veinticuatro meses, obtendríamos una rentabilidad de 60 euros (30 euros, es decir, un 3 por ciento cada año). Sin embargo, si en el mes dieciocho necesito el dinero y me quiero deshacer de él, lo podré vender, pero teniendo en cuenta que dado que los intereses de los bonos —al igual que la cotización de las acciones u otros activos— cambian cada día, me tendré que acoger al valor de mercado del bono del momento, por ello ya no será una «rentabilidad fija».

Otros productos de deuda pública y privada

Además de los bonos, existen otra serie de productos de renta fija que funcionan de forma similar a éstos, aunque con matices diferentes. Por ello es importante tener estas diferencias muy en cuenta para evitar confusiones a la hora de utilizar la renta fija. En esta parte vamos a ver estos diferentes productos que nos sirven como medio para comprar deuda pública o privada. En general funcionan igual que los bonos, aunque con algunas diferencias:

Deuda pública: Letras del tesoro, bonos, obligaciones del Estado.

Deuda privada: Pagarés de empresas, bonos de empresas.

La diferencia principal la encontramos en el plazo temporal, así como en la manera de abonar los intereses:

DEUDA PÚBLICA		
Tipo	**Plazo**	**Especificaciones**
Letras del tesoro	3, 6, 9, 12 o 18 meses	Se pagan al descuento[15]
Bonos	3 y 5 años	
Obligaciones del Estado	10, 15, 30 y 50 años	
DEUDA PRIVADA		
Tipo	**Plazo**	**Especificaciones**
Pagarés	3, 6, 9, 12 o 18 meses	Se pagan al descuento

Los pagarés son los equivalentes a los bonos, pero utilizando deuda privada.

Consejos para utilizar la renta fija

Asegúrate de invertir un dinero que no vayas a necesitar hasta el plazo de vencimiento. Vender algunos de estos productos antes de plazo nos puede incluso hacer que acabemos cerrando la operación con pérdidas.

Si quieres que tu renta fija sea «fija», la única manera es cumplir el plazo de vencimiento.

Si buscas seguridad, lo mejor será comprar deuda pública (de Gobiernos con alta solvencia y estabilidad).

15. Pagar al descuento significa que en el momento de la compra pagamos un valor inferior al nominal y al vencimiento se nos devuelve el valor nominal completo. Eso quiere decir que, por ejemplo, para comprar una letra del tesoro cón valor nominal de 1.000 euros tendrás que pagar 980 euros, y al vencimiento te devolverán 1.000 euros. La rentabilidad es por tanto la diferencia entre el precio de compra y el valor nominal de la letra.

18

Oídos sordos a los cantos de sirena

> Por fin conocimos al enemigo. Resulta que somos nosotros.
>
> Walt Kelly

Por último, no podemos dejar de hablar de algo que está a la orden del día cuando se trata de invertir tu dinero: los fraudes o las estafas financieras.

Internet y las redes sociales han hecho que la información sea más accesible que nunca, pero de la misma manera han hecho que estemos expuestos a información de muy baja calidad que en ningún caso responde a nuestros intereses.

Por eso, en este capítulo, vamos a analizar las condiciones mínimas que debería cumplir cualquier intermediario financiero, ya sea un bróker o alguien que nos ofrezca un sistema de inversión, para considerarlo fiable y seguro, y así evitar caer en fraudes y estafas.

Seguro que en más de una ocasión te han aparecido anuncios del tipo «invierte 500 euros en este activo y gana hasta 100.000 euros», «consigue un 200 por ciento de rentabilidad», «20 por ciento de rentabilidad mensual garantizada», etcétera. Por desgracia, este tipo de publicidad cada vez es más común y muchas veces detrás de esto se esconden estafas financieras.

Lo primero que debemos tener muy en cuenta es que la rentabilidad media del índice S&P 500 ha sido en términos históricos de un 8 por ciento anual, y que algunos de los inversores más famosos del mundo como Warren Buffett se han hecho famosos por conseguir de forma sostenida rentabilidades de en torno al 15-20 por ciento anual. Por tanto, ante promesas del 20 por ciento de rentabilidad mensual, 200 por ciento de rentabilidad anual, etc., debemos estar muy alerta. Esos tipos de negocios no existen, al igual que no existe la rentabilidad garantizada, o el hacerte rico en bolsa invirtiendo 500 euros. Por ello, el hecho de encontrarnos con este tipo de promesas ya debería ser suficiente para, al menos, activar todas nuestras alarmas.

Una vez pasado este primer filtro, deberíamos enfocarnos en comprobar la veracidad de la fuente de información. Es decir, en averiguar si se trata de una entidad regulada y un lugar fiable para dejar tu dinero. Para ello, lo primero será comprobar la información que aparece en su página web.

Cualquier plataforma de inversión debe mostrar en su página web cierta información sobre dicha empresa:

Información de la empresa: CIF, sede, dirección, contacto.

Información sobre el organismo regulador al que está adherida: tanto si se encuentra regulada por la CNMV —en el caso de empresas reguladas en España—, como si está regulada por otro organismo internacional.

Aviso legal: condiciones generales de uso del sitio web, derechos del usuario, protección de datos, política de *cookies*, etcétera.

Información sobre el riesgo asociado a los productos ofrecidos. En el caso de España te aparecerá un indicador de 1/6 con el nivel de riesgo.

Ejemplo de información recogida en un bróker regulado en España:

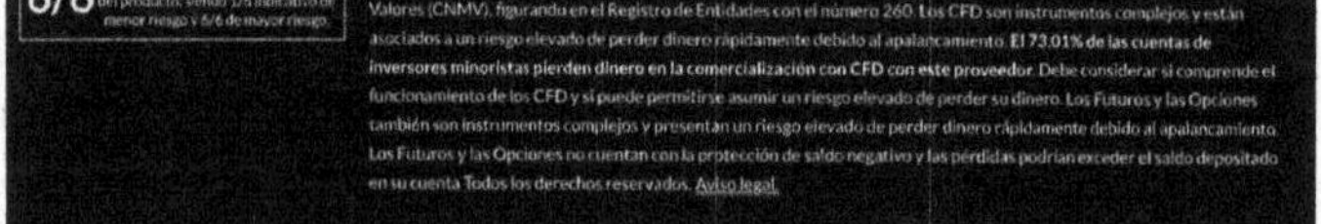
6/6 Este número es indicativo del riesgo del producto, siendo 1/6 indicativo de menor riesgo y 6/6 de mayor riesgo.

iBroker Global Markets Sociedad de Valores, S.A. está regulada y supervisada por la Comisión Nacional del Mercado de Valores (CNMV), figurando en el Registro de Entidades con el número 260. Los CFD son instrumentos complejos y están asociados a un riesgo elevado de perder dinero rápidamente debido al apalancamiento. **El 73.01% de las cuentas de inversores minoristas pierden dinero en la comercialización con CFD con este proveedor.** Debe considerar si comprende el funcionamiento de los CFD y si puede permitirse asumir un riesgo elevado de perder su dinero. Los Futuros y las Opciones también son instrumentos complejos y presentan un riesgo elevado de perder dinero rápidamente debido al apalancamiento. Los Futuros y las Opciones no cuentan con la protección de saldo negativo y las pérdidas podrían exceder el saldo depositado en su cuenta. Todos los derechos reservados. Aviso legal.

Fuente: Clicktrade, <https://www.clicktrade.es/>.

Ejemplo de información recogida en un bróker regulado por otros organismos internacionales:

Declaración General Sobre Riesgos

Este aviso le ofrece información sobre los riesgos asociados a los productos de inversión, en los que puede invertir a través de los servicios que le prestan las entidades del grupo eToro. eToro presta una amplia gama de servicios de inversión en relación con una serie de productos a través de su entidad eToro (Europa) Ltd., autorizada y regulada por la Comisión del Mercado de Valores de Chipr (CySEC), eToro (Reino Unido) Ltd., autorizada y regulada por la Autoridad de Conducta Financiera (FCA), y eToro AUS Capital Limited autorizada por la Comisión de Inversiones y Valores de Australia.

Los productos de inversión que ofrece eToro incluyen acciones, fondos cotizados (ETF) y criptomonedas, de los cuales tendría l titularidad del activo subyacente. Además, eToro ofrece contratos por diferencia (CFD) que ofrecen exposición a divisas, materias primas e índices.

Todas las transacciones relacionadas con acciones, ETF o criptomonedas, donde eToro le ofrezca apalancamiento (que no está disponible para las criptomonedas) o le permita realizar transacciones cortas y/o algunas transacciones de copia de operaciones de otros inversores (incluyendo CopyPortfolios), se considerarán transacciones a través de CFD.

eToro también ofrece a los inversores la oportunidad de comprar criptomonedas, acciones o ETF subyacentes (es decir, transacciones de COMPRA de dichos activos usando apalancamiento x1), conservar esos activos y, posteriormente, venderlos. Todas las transacciones relacionadas con las criptomonedas estarán sometidas al «Apéndice de inversión en criptomonedas».

Fuente: eToro, <https://www.etoro.com/es/>.

Muchos de estos datos son información básica que no sólo nos aparece en páginas de inversión, sino en cualquier otro sitio web, por ello ante su ausencia, cuando nos encontramos páginas sin aviso legal, política de *cookies* y con poca o nula información sobre la empresa, supone un indicio claro de que algo no es correcto.

Si aun así tienes dudas sobre algún portal de inversión, te recomiendo consultar la página oficial de la CNMV, donde aparece una lista de advertencias sobre probables estafas. Si la empresa donde estás pensando invertir aparece aquí, te aconsejo que huyas.

Conclusiones finales

Llegados a este punto, lo primero que me gustaría es darte las gracias no sólo por comprar este libro, sino por haber llegado hasta el final. Esto dice mucho acerca de ti.

Espero que hayas disfrutado con la lectura —si es así estaré encantada de saberlo, un poco más adelante te cuento cómo—, pero lo más importante es que espero que utilices todos los principios y herramientas que hemos visto aquí para iniciar una transformación real en tus finanzas. Comenzábamos este libro con una promesa arriesgada, a partir de ahora mirar al dinero de forma distinta, y sobre todo, pasar de tu situación actual a hacer realidad tus metas económicas.

Bien, pues ahora cuentas con el conocimiento necesario para iniciar este camino, tienes las herramientas que te ayudarán y, sobre todo, conoces el sistema para hacer realidad esta transformación. Sin embargo, el hecho de leer un libro y ampliar conocimientos no te bastará para conseguirlo.

La lectura de este libro sólo es el comienzo, pero si de verdad quieres ver cambios, necesitas pasar a la acción. Estoy convencida de que cualquier persona que se lo proponga, y que se comprometa a mantenerse en el camino el tiempo necesario, simplemente lo logrará. Pero todo esto sólo depende de ti. Ahora mismo tienes dos opciones. La primera es dejar este libro en una estantería y olvidarte de él; y la segunda es comprometerte a pasar a la acción, a repasar los pasos de este sistema y pensar de qué forma llevarlos a la práctica.

En el comienzo del libro hablamos sobre el verdadero origen

de nuestros resultados financieros, vimos cómo éstos no son más que un resultado y, por tanto, si queremos cambiar, si queremos mejorar nuestra situación económica, necesitamos ir a la raíz de todo. Y esta raíz la encontramos en nuestro condicionamiento.

Desde pequeños fuimos condicionados por factores intrínsecos y extrínsecos que, en la mayoría de las ocasiones, han hecho que desarrollemos una idea equivocada sobre lo que supone el dinero. Esto precisamente es lo que nos lleva a vivir de forma constante «peleados con el dinero» y con ello acabar tomando malas decisiones financieras.

Para la mayor parte de las personas, su forma de pensar y actuar con respecto al dinero, lejos de suponer una ayuda para alcanzar sus metas económicas, se convierte en el mayor obstáculo.

Y aunque no podemos hacer nada por cambiar nuestro pasado, ahora que eres consciente de esto, de ti depende empezar a cambiar esta forma de pensar y relacionarte con lo económico. Para ello hay dos puntos fundamentales. El primero es que lleves todo esto a tu caso particular para que puedas analizar de qué forma tú fuiste condicionado y cómo esto te ha estado afectando hasta este momento. Una vez que tengas esto claro, lo siguiente que necesitas es incrementar tu inteligencia financiera. Para eso, en el capítulo 2 hicimos un repaso de algunos de los conceptos más básicos que necesitas conocer. Aunque te invito a poner foco en aumentar aún más estos conocimientos, con libros, blogs, vídeos, cursos, pódcast, con las herramientas que se adapten mejor a ti, pero asegúrate de continuar aprendiendo. Cuanto mejor conozcas el funcionamiento del juego, mejores serán tus resultados.

Una vez que conoces más acerca de tus resultados y de qué hacer para empezar a cambiarlos, es momento de tener claro hacia dónde te diriges. De nada sirve iniciar una transformación si no conoces tu meta. Por esto, antes de iniciar los siete pasos del sistema necesitas establecer de forma clara tu meta económica según la metodología SMART.

A partir de este primer logro, durante el resto de las páginas de este libro hemos recorrido juntos un sistema de siete pasos con el que hacer realidad esta transformación de la que hablamos. Te recomiendo que repases cada uno de estos pasos, memorices el sistema en su conjunto y te pongas ya mismo manos a la obra con el paso 1.

En cada uno de los pasos del sistema, encontrarás ejercicios prácticos. Es imprescindible que hagas cada uno de ellos antes de seguir avanzando. Muchas veces tenemos una voz dentro que nos dice que nosotros no necesitamos tal o cual cosa, que nuestro caso es diferente. Pero recuerda, seguir actuando como lo has hecho hasta ahora sólo te llevará a tener tus resultados actuales. Si queremos cambiar y mejorar, necesitamos hacer las cosas de forma diferente. Por ello, asegúrate de no dejarte nada en el camino.

Una vez que te encuentres en el punto cinco o seis de este sistema, te sugiero que leas de nuevo este libro desde el comienzo. El sistema que has aprendido funciona, pero cumplirlo no siempre es tarea fácil. Por ello, volver a conectar con el porqué de todo, especialmente en los puntos más complicados, te dará un impulso extra para mantenerte en el camino.

Recuerda, el final de este libro sólo debería ser el inicio de tu transformación personal y financiera.

Nadie dijo que fuera fácil, pero el resultado merecerá la pena.

Agradecimientos

A Hugo, por ser el mejor regalo que la vida me podría haber hecho. Estoy deseando abrazarte.

A mi hermana Verónica, piedra angular de mi vida.

A mi padre, porque aunque no lo creas me has enseñado mucho de lo que aparece en este libro.

A Luis Ramos, por escribir el prólogo de este libro. Mentor, amigo, compañero, gracias por aparecer en mi vida y creer en mí como nadie.

A Roger Domingo, por confiar en mí, permitirme cumplir el sueño de escribir este libro y ser parte de la familia de Planeta.

A todas las personas que me seguís cada día en redes sociales, a mis alumnos, a mis clientes, a mi familia y amigos. Sois el motor que hace esto posible. GRACIAS.

¿Me ayudas?

Mi intención cuando empecé a escribir este libro era sencilla: ayudar al máximo número de personas posible a tomar el control de sus finanzas y mejorar su relación con el dinero.

No hace falta que te cuente por qué creo que esto es algo fundamental y hasta qué punto esto podría ayudarles a mejorar sus vidas, y por eso quiero pedirte un favor: si has comprado tu libro a través de Amazon puedes ayudarme (mucho) si dejas una reseña compartiendo de forma honesta qué te ha parecido este libro.

Estos comentarios en Amazon hacen que más personas descubran este libro, por eso al hacerlo me estarás ayudando a mí a cumplir con mi propósito y a muchas otras personas a tomar las riendas de sus finanzas.

¿Cuento contigo?

Gracias de corazón.

¿Conectamos?

Ha sido un verdadero placer poder acompañarte en este camino. Durante todos los meses de escritura de este libro, sólo he tenido una cosa en mente: encontrar la mejor manera para ayudarte a cambiar.

Ojalá este libro sea un punto de inflexión, un antes y un después que te ayude a alcanzar tus metas. Aunque siendo sincera, con que todo esto te ayude, aunque sólo sea a cambiar una pequeña cosa, a mejorar tu vida en algún aspecto por diminuto que sea, para mí todo el trabajo habrá merecido la pena.

Te confieso algo: no me gusta la comunicación unidireccional, hablar y que otros escuchen, escribir y que otras personas sólo lean. Sino que, si este libro te ha gustado, te ha servido, me encantaría conocer tu experiencia y, por supuesto, ayudarte si es que lo necesitas, para eso me encantaría que conectáramos de forma más directa, te propongo algunas maneras:

Puedes escribirme a *hazlobiencontudinero@celiarubio.com* para contarme tu experiencia.

O bien, conectar conmigo a través de mis redes sociales:

Instagram: <https://www.instagram.com/_celiarubio/>

YouTube: <https://www.youtube.com/c/CeliaRubioFinanzasPersonales>

Además, si compras tu libro a través de Amazon, me ayudará mucho que dejes una reseña para compartir con el resto de las personas tu experiencia. Esto hará que el libro llegue a muchas más personas.

También te recuerdo que junto a este libro he preparado toda una serie de materiales adicionales que te ayudarán a aplicar mejor todo lo que has aprendido. Para conseguirlo, si aún no lo has hecho, regístrate gratis en: <https://celiarubio.com/libro>.

Y recibirás en tu correo plantillas, consejos y mucho más.

Estamos en contacto,

CELIA RUBIO